Oleg Olegovich Yadrevsky

Indicações geográficas

Oleg Olegovich Yadrevsky

Indicações geográficas

Proteção jurídica como objectos de propriedade intelectual

ScienciaScripts

ÍNDICE DE CONTEÚDOS:

INTRODUÇÃO

O conceito de "indicação geográfica" pode ser considerado, em primeiro lugar, como qualquer indicação que contenha o nome de um objeto geográfico ou crie uma associação com um objeto geográfico; em segundo lugar, como uma designação que indique o local geográfico de origem das mercadorias. Em ambos os casos, a proteção jurídica de tais denominações pode ser exercida através de objectos de propriedade intelectual. Ao mesmo tempo, a regulamentação jurídica desta questão é extremamente diversificada nos diferentes sistemas jurídicos, bem como nos Estados e nas formações interestatais. Nos últimos anos, a proteção jurídica destas denominações tornou-se cada vez mais importante, o que se reflecte nos trabalhos científicos e nas publicações dos investigadores.

Se falarmos dos estudos realizados por peritos ocidentais neste domínio, a principal atenção é dada ao Acordo da Organização Mundial do Comércio sobre os Aspectos dos Direitos de Propriedade Intelectual Relacionados com o Comércio de 1994 (a seguir designado "Acordo TRIPS"), que estabeleceu o conceito de "indicação geográfica" como um objeto de propriedade intelectual, reflectindo a ligação essencial entre as propriedades dos produtos e o seu local de origem, os pré-requisitos para a sua adoção, o âmbito de atividade, a correlação com outros tratados internacionais e os actos da União Europeia Investigadores distintos consideram em pormenor a história do desenvolvimento da proteção jurídica das indicações geográficas, o seu significado especial como primeiro meio de individualização dos produtos, historicamente os primeiros tipos de marcas registadas [1, p. 11]. Argumenta-se que o sistema moderno de proteção das indicações geográficas se formou principalmente devido aos princípios do liberalismo e da livre concorrência, que começaram a ser consagrados na legislação desde o final do século XIX. [2, c. 125].

O papel no desenvolvimento da regulamentação jurídica do objeto em apreço é determinado por acordos importantes como a Convenção de Paris para a Proteção da Propriedade Industrial de 1883 (a seguir designada por "Convenção de Paris") - em termos de proteção contra a utilização de falsas indicações de origem -, o Acordo de Madrid para a Supressão das Indicações de Origem Falsas ou Enganosas nas Mercadorias de 1891 (a seguir designado por "Acordo de Madrid") - em termos de proteção contra a utilização de indicações de origem enganosas -, o Acordo de Lisboa para a Proteção das Denominações de Origem e o Acordo de Lisboa para a Proteção das Denominações de Origem e o Acordo de Lisboa para a Proteção das Denominações de Origem.

Os estudos em apreço identificam as principais formas de proteção das indicações geográficas: as regras de proibição da concorrência desleal, as regras de defesa do consumidor, a legislação sobre marcas, marcas colectivas e de certificação, a legislação especial sobre indicações geográficas [3, p. 5-6].

Ao mesmo tempo, salienta-se que existem duas abordagens para a proteção óptima das indicações geográficas: no âmbito da legislação sui generis ou no âmbito do direito das marcas [4, p. 18].

Simultaneamente, receia-se que o sistema de proteção das marcas e indicações geográficas criado nos anos 90 possa levar ao desrespeito da proteção da livre concorrência e da possibilidade de conceder uma proteção adequada a novas entidades [5, p. 23]. Assim, uma das questões mais problemáticas neste domínio é a relação entre uma marca, que é ou contém uma indicação geográfica, e uma indicação geográfica. Ao mesmo tempo, o princípio "first in time - first in law" é considerado o mais adequado nesta matéria, porque é capaz de criar "um mecanismo justo de equilíbrio entre direitos de propriedade intelectual em conflito" [3, p. 38]. [3, c. 38].

No que se refere aos estudos efectuados no território da ex-URSS, importa referir o seguinte. No período soviético, foi dada pouca atenção à proteção jurídica das indicações geográficas, incluindo as indicações geográficas. Este facto deveu-se principalmente à falta de regulamentação legislativa sobre estas questões. Algumas publicações relativas à proteção jurídica das indicações geográficas (por exemplo, o trabalho de G.I. Tytskaya, I.E. Mamiofa, V.Y. Motylov, 1985) são dedicadas à análise da legislação dos Estados capitalistas e dos tratados internacionais, sem aplicar os resultados pertinentes às normas do direito da URSS [6].

Desde os anos 90, a Federação Russa tem vindo a efetuar estudos mais aprofundados sobre estas questões. Assim, numerosas obras de A. N. Grigoriev são dedicadas às questões da proteção jurídica das indicações geográficas. O autor fundamenta a necessidade de regulamentação legal da utilização das indicações de origem dos produtos através das normas do direito civil, especifica os critérios de proteção das indicações de origem dos produtos e defende a necessidade do seu registo. O autor sugere a ideia de que o termo "indicações de origem" se aplica apenas a mercadorias com propriedades especiais devidas ao local de origem. Salienta que é necessário criar um sistema estatal de controlo da qualidade das mercadorias designadas pela denominação de origem protegida. Segundo ANTrigoriev, para registar a denominação de origem das mercadorias, é necessário apresentar provas de que as mercadorias são inteiramente produzidas e transformadas no local especificado. É proposta uma metodologia para avaliar a possibilidade de registo como marca de uma denominação geográfica [7, p. 10-11].

O lugar central nos trabalhos de Satorlenko no período em análise é dado a um objeto como a denominação de origem das mercadorias. A história do desenvolvimento da proteção deste objeto, o seu estado atual na Federação Russa, bem como os aspectos problemáticos existentes são considerados em pormenor. É dada especial atenção à necessidade de criar um sistema eficaz de controlo das propriedades das mercadorias, bem como de melhorar o mecanismo de obtenção de uma conclusão da autoridade competente sobre a produção pelo requerente de mercadorias com propriedades especiais devidas exclusiva ou principalmente ao local de origem [8].

Na década de 2000, o número de estudos sobre as questões em apreço aumentou. Assim, E.A. Danilina e EL. Gavrilov tentaram identificar os problemas mais significativos na proteção jurídica da denominação de origem das mercadorias. Os autores observam que "na lista dos objectos de propriedade intelectual distribuídos pela sua importância económica (económica nacional), em que a enumeração começa pelos mais importantes, as denominações de origem das mercadorias ocupavam até há pouco tempo um último lugar não muito honroso, partilhando-o com as topologias dos circuitos integrados. Isto ilustra o grau de atraso da economia [russa] em relação aos países desenvolvidos do mundo: o objeto culturalmente mais significativo e, de facto, praticamente inestimável (denominação de origem) e o objeto de mais alta tecnologia (topologia de circuitos integrados) acabaram por ficar de fora do registo dos direitos de propriedade industrial" [9]. [9].

Entre os problemas mais significativos da proteção jurídica da denominação de origem dos produtos, os autores mencionam: a questão da possibilidade de alargar a proteção jurídica das denominações de origem dos produtos à esfera dos serviços, a obtenção paralela e ativa de vários documentos de proteção, juntamente com os certificados de direito de utilização da denominação de origem dos produtos: tanto os certificados para as marcas, incluindo os nomes, como as patentes de invenções e desenhos industriais; a necessidade de identificar as propriedades especiais dos produtos, individualizadas no nome do local de origem dos produtos; a necessidade do direito de utilização da denominação de origem dos produtos; a necessidade do direito de utilização da denominação de origem dos produtos na esfera dos serviços. São igualmente estudadas as questões relativas ao conteúdo do direito exclusivo à denominação de origem das mercadorias. São destacados os elementos de direito público da denominação de origem das mercadorias, nomeadamente a necessidade de obter o parecer da autoridade competente. Ao mesmo tempo, apesar da identificação de aspectos problemáticos, os autores, em muitos casos, não propõem formas específicas de os resolver, convidando as partes interessadas a participar na discussão.

As questões da proteção jurídica da denominação de origem das mercadorias são também estudadas por V. E. Kitaysky, que fundamenta a falta de utilidade da cessação do registo da denominação de origem das mercadorias em caso de cessação de todos os certificados de direito de utilização da denominação de origem das mercadorias. Além disso, o autor opõe-se firmemente à prática acima referida de resolução de litígios entre uma marca que consiste ou contém uma indicação geográfica e a denominação de origem dos produtos, com base no princípio "o primeiro no tempo - o primeiro na lei" [10, p. 23]. [10, c. 23].

Na Federação da Rússia, foram elaboradas várias teses de doutoramento dedicadas à proteção jurídica dos meios de individualização de mercadorias que contêm indicações geográficas (M.N. Sokolova) e denominações de origem de mercadorias (M.A. Saltykov) [11, 12]. Além disso, são defendidas várias dissertações sobre a proteção jurídica das indicações geográficas nacionais (G.A. Takhirov (Tajiquistão), M.A. Kharkhipova (Ucrânia), N.V. Chang (Vietname)) [13,14,15]. [13,14,15].

As caraterísticas distintivas da maioria destes trabalhos são as tentativas de definir claramente os conceitos de "indicação geográfica", "indicação de origem dos produtos", "denominação de origem dos produtos", propostas sobre a necessidade de utilizar a experiência da regulamentação jurídica destes objectos nos países da UE.

Note-se que, recentemente, a nível da Rospatent, foram expressas opiniões sobre a necessidade de incluir a indicação geográfica, na aceção do Acordo TRIPS, na composição dos objectos de propriedade industrial protegidos com o seu registo [16, p. 17].

Quanto às questões da proteção jurídica das marcas que representam ou contêm designações do local geográfico de origem dos produtos, também são consideradas em numerosos artigos de cientistas e profissionais russos.

Assim, na investigação de dissertação mencionada de M.N. Sokol, foi feita uma tentativa de elaborar uma classificação das designações do local geográfico de origem dos produtos, que podem beneficiar de proteção jurídica como marcas registadas, a fim de as utilizar na prática. Nas dissertações de N.Y. Medvedev e P.V. Sadovsky, analisa-se a prática da Rospatent nesta matéria e reconhece-se a necessidade de melhorar a regulamentação jurídica destas relações [17, 18]. Os trabalhos de A.P. Rabets e V.M. Melnikov [19, 20] analisam com bastante pormenor as questões da ligação e distinção entre uma marca registada e as designações do local geográfico de origem dos produtos. Ao mesmo tempo, há poucas propostas práticas para uma regulamentação mais clara destes aspectos nestes trabalhos.

O conceito de "capacidade distintiva" em relação a esta questão é analisado nos trabalhos de M.N. Zubkova e V.Y. Jermakyan [21, 22]. O interesse dos profissionais por este problema é caraterístico, nomeadamente os artigos de ML.Epstein e I.V. Rogal [23,24].

Ao mesmo tempo, algumas questões também não foram abordadas nos estudos em língua russa. Trata-se, nomeadamente, da possibilidade de registo de uma marca colectiva que represente uma denominação de origem geográfica, o que é comum na UE. Também não é dada atenção suficiente às questões da correlação entre uma marca que representa ou contém a denominação do local geográfico de origem dos produtos e a denominação de origem dos produtos, que, como já foi referido, é um assunto sério de investigação entre os especialistas ocidentais.

Tendo em conta o que precede, afigura-se necessário analisar estas obras em relação a algumas questões no domínio da proteção jurídica das indicações geográficas enquanto objectos de propriedade intelectual. O presente documento analisará, numa primeira fase, a evolução histórica dessa proteção. Posteriormente, será dada uma atenção mais pormenorizada aos objectos individuais através dos quais esta proteção é realizada. Serão analisadas as posições de alguns peritos alemães, russos e outros neste domínio.

CAPÍTULO 1
EVOLUÇÃO HISTÓRICA DA PROTECÇÃO JURÍDICA DAS INDICAÇÕES GEOGRÁFICAS

Mesmo na era pré-industrial, surgiram e desenvolveram-se produções em pequena escala de produtos (sobretudo vinho e queijo), sendo habitual especificar a localidade de onde provinham para melhor caraterizar as suas propriedades.

Por exemplo, no século IV a.C., as designações dos vinhos da Grécia incluem os vinhos de Corinto, da Córsega e da Rodésia. Além disso, desde a antiguidade que são conhecidos o mel da Sicília e o vinagre da Desémia; no reinado de Augusto, no Império Romano, tornaram-se famosos o vinho da Falésia, as tâmaras do Egito, o presunto da Gália, etc. [8, c. 4 - 5].

No início do século VIII d.C., surgiram as mais antigas regiões vitícolas de França: Bordéus, Borgonha e, mais tarde, Champagne. A Idade Média viu também surgir as regiões queijeiras de Camembert e Roquefort (França), Emmental (Suíça), Parma (Parmesão) (Itália). Para além dos produtos agrícolas, outros tipos de produtos originários de uma determinada localidade tornaram-se famosos: o tabaco de Havana, o chá de Darjeeling, o aço de Sheffield, etc. Pelas suas caraterísticas e qualidade, tornam-se reconhecíveis o whisky escocês, o rum cubano, a cerveja bávara, o chá do Ceilão, o café brasileiro, o perfume parisiense, os tapetes da Índia, da Pérsia, etc. [25, c. 24].

A vantagem da utilização da denominação de origem geográfica em relação a outras denominações explica-se pelo facto de os produtos de regiões específicas possuírem propriedades especiais que produtos semelhantes de outros locais não possuem. Essas propriedades eram atribuídas ao clima e aos solos, bem como aos segredos de produção e aos conhecimentos e aptidões especiais das pessoas da região, que tinham sido transmitidos de geração em geração. Com o tempo, alguns destes produtos tornaram-se conhecidos e populares muito para além das fronteiras dos seus países e regiões.

Assim, as indicações geográficas, que podem ser definidas como designações do local geográfico de origem de um produto com propriedades determinadas, em grande medida, pela sua origem geográfica, podem ser consideradas como o primeiro meio de individualização, uma vez que a sua utilização generalizada começou antes da utilização de um nome comercial ou de uma marca registada [26, p. 388].

Aparentemente, a utilização generalizada de indicações geográficas para a individualização de produtos de fabricantes específicos na ausência de produção em massa levou a uma opinião generalizada na literatura estrangeira de que as indicações geográficas podem ser consideradas como a forma mais antiga de marcas registadas [32, p. 303]. Neste caso, aparentemente, as marcas devem ser entendidas no sentido lato da palavra, como uma designação distintiva de um produto específico, e não na aceção jurídica moderna do termo.

Já na Idade Média, na Europa, começaram a ser elaborados os primeiros actos jurídicos relativos às indicações geográficas. Um exemplo é a Carta do rei jugoslavo Stefan I, emitida em 1222, que regulamentava a venda de vinho [3, p. 3]. Em 1411, o rei francês Carlos VI concedeu aos habitantes de Roquefort o direito de monopólio do fabrico de queijo nas caves locais. Este decreto proibia chamar Roquefort a outros queijos semelhantes [4, p. 166]. Alguns produtores de bens obtêm o direito de monopólio da utilização de uma indicação geográfica nos seus produtos através da obtenção de privilégios do poder supremo. Estas designações são frequentemente utilizadas como a chamada "marca de guilda", que individualiza os produtos de uma associação de produtores. Muitos destes sinais estão ainda hoje muito difundidos, como, por exemplo, a designação do vidro "Migalo", originário da ilha com o mesmo nome, perto de Veneza (Itália) [3, p. 3].

Para além das indicações geográficas "diretas", ou seja, as que indicam diretamente o local geográfico de produção de um produto, começam a surgir as chamadas indicações geográficas "indirectas", que também beneficiam de proteção jurídica. Assim, no século XV, as facas de lâmina de Solingen (Alemanha) começaram a ser rotuladas com a imagem de um lobo. Esta imagem ficou mais tarde conhecida como o lobo de Solingen. No entanto, embora não contivesse diretamente a designação do local geográfico de origem das mercadorias, só os fabricantes de facas de lâmina de Solingen podiam utilizar essa marca, enquanto os fabricantes de outras regiões não tinham o direito de assinalar essa designação [2, p. 16].

Ao mesmo tempo, a concessão de privilégios tinha como principal objetivo a afirmação do monopólio desta ou daquela oficina ou artesão. Ao mesmo tempo, não existiam meios eficazes para combater a concorrência desleal, que já nessa altura começava a alastrar no domínio da rotulagem de mercadorias com indicações geográficas. Só no século XIX começaram a surgir na Europa Ocidental leis com disposições que proibiam as falsas indicações na rotulagem de mercadorias. No entanto, não se referiam especificamente às indicações geográficas, mas apenas à falsa rotulagem em geral. A título de exemplo, podemos citar a lei prussiana sobre a proteção das denominações de mercadorias, de 4 de julho de 1840, que proibia a utilização de um nome falso ou de uma denominação social juntamente com a indicação do local de residência dessa pessoa ou da localização da fábrica [2, p. 18].

Assim, na primeira fase, a proteção jurídica das indicações geográficas era apenas fragmentada em alguns países. Na primeira fase, a proteção jurídica das indicações geográficas era apenas fragmentária em alguns países.

O desenvolvimento da produção industrial na Europa, o aumento do número de sujeitos do processo de produção, muitas vezes dentro da mesma área geográfica, bem como a sua crescente especialização, conduziram ao desejo de individualizar os produtos de um determinado fabricante. Como consequência, foi legislado um meio de individualização como a marca registada. Em 1857, a França adoptou uma lei sobre as marcas. Até 1900, mais 7 países adoptaram regulamentos nacionais sobre a proteção legal das marcas [28]. Para obter a proteção jurídica das marcas no estrangeiro, foi celebrado o Acordo de Madrid sobre o Registo Internacional de Marcas, em 14 de abril de 1891 [29].

Assim, verifica-se uma evolução gradual dos meios de individualização, dos mais gerais, como as indicações geográficas, para os mais específicos. Como corretamente observado na monografia do investigador alemão O. Spuhler, as marcas registadas tornam-se um meio de individualização não do fabricante dos produtos e não do local de origem, mas da origem da produção dos produtos [5, p. 43]. Inclui, juntamente com o fabricante e o local de produção dos produtos, muitos factores adicionais, como a tecnologia de produção, o sistema de controlo de qualidade, etc. O principal critério para a proteção de uma marca é o carácter distintivo e a ausência de necessidade de utilização gratuita. Uma vez que uma indicação geográfica, com um certo carácter distintivo (limitado pelo território do objeto geográfico), ainda não pode ser "monopolizada" por um único fabricante ou mesmo por um grupo de fabricantes, as referidas leis sobre marcas começam a consagrar restrições segundo as quais a designação do local de origem dos produtos não pode ser registada como marca.

Em 1883, foi assinado o primeiro e, até à data, o maior acordo internacional no domínio da proteção da propriedade industrial, a Convenção de Paris para a Proteção da Propriedade Industrial (a seguir designada por "Convenção de Paris"). O artigo 10.º da Convenção de Paris, na sua versão original, previa a apreensão de um produto aquando da importação, a proibição de importação ou a apreensão no território do país em caso de utilização de uma falsa indicação de origem (direta ou indireta), mas apenas se essa indicação fosse utilizada com uma marca de natureza contrafeita ou com o objetivo de enganar [30].

Na Conferência de Roma de 1886, os delegados tentaram reforçar as disposições do artigo 10.º da Convenção de Paris, proibindo a utilização de falsas indicações de origem e conferindo aos tribunais nacionais dos países da União o direito de determinar quais as indicações de origem que se tornaram genéricas ou descritivas no seu território. No entanto, estas propostas, embora adoptadas, não foram ratificadas pelos Estados-Membros da União. Estas questões foram novamente levantadas na Conferência de Madrid de 1890, de que resultou o Acordo de Madrid para a Supressão das Falsas Indicações de Origem das Mercadorias (a seguir designado por "Acordo de Madrid") [31], celebrado em 1891. Este acordo foi, por sua vez, o primeiro documento internacional que definiu as indicações de origem como seu objeto. O acordo alargou a sua proteção jurídica, uma vez que, para reconhecer uma indicação de origem como falsa, já não era necessário utilizá-la juntamente com uma marca ou com a intenção de defraudar. As disposições do Acordo aplicavam-se a todas as mercadorias que viajassem entre duas Partes Contratantes do Acordo, independentemente do local onde a indicação abusiva tivesse sido acrescentada e da nacionalidade do arguido.

Na Conferência Diplomática de Washington, em 1911, a indicação de proveniência foi incluída no n.º 2 do artigo 1.º da Convenção de Paris como um objeto autónomo da propriedade industrial. No entanto, ao contrário de outros objectos da propriedade industrial, como as marcas ou as invenções, a Convenção de Paris não estipulou que as indicações de origem tivessem de ser registadas para beneficiarem de proteção jurídica, que tivessem de ter um proprietário ou um círculo de proprietários especificamente definido, etc. A sua proteção destinava-se apenas a impedir a utilização de falsas indicações de origem, ou seja, visava mais a proteção dos direitos dos consumidores e muito menos a proteção dos direitos de produtores específicos.

Note-se que, em 1958, o Acordo de Madrid foi alterado para proibir a utilização de indicações de origem formalmente verdadeiras mas susceptíveis de induzir em erro (por exemplo, os nomes de pequenas cidades americanas semelhantes aos nomes de capitais europeias - Paris, Londres, etc.).

No entanto, deve notar-se que apenas 36 Estados participam atualmente no Acordo de Madrid, cujas razões serão discutidas mais adiante.

Assim, no início do século XX, o primeiro objeto da propriedade industrial, através do qual as indicações geográficas eram protegidas, a indicação de origem, tinha sido formalizado a nível internacional. Por conseguinte, pode falar-se do início da segunda fase da proteção jurídica das indicações geográficas.

Simultaneamente, a limitada proteção jurídica da denominação de origem não era adequada a alguns países europeus com uma rica tradição vinícola e de produção agrícola (França, Itália, Espanha, Portugal), porque a utilização de uma denominação de origem bem conhecida desses produtos, mesmo sem o objetivo de enganar ou induzir em erro, mas, por exemplo, com a adição das palavras "tipo", "género", "espécie", "espécie", poderia levar ao "esbatimento" da denominação e transformá-la num conceito genérico, o que impedia a possibilidade da sua proteção jurídica Simultaneamente, era também difícil registar tal designação como marca devido às restrições acima referidas [8, p. 6]. Além disso, as mercadorias podiam ser originárias da área especificada, mas não possuíam propriedades especiais devido ao local de origem.

Tudo isto levou ao nascimento de um novo objeto de propriedade industrial, mais frequentemente designado por denominação de origem. A primeira lei sobre a proteção da denominação de origem foi adoptada em 6 de maio de 1919, em França. Durante muito tempo, foi aplicada apenas a vinhos e bebidas espirituosas, mas mais tarde foi alargada a outras mercadorias (produtos lácteos, aves de capoeira, produtos de origem vegetal). De acordo com esta lei, a denominação de origem foi definida como o nome de um país, distrito ou localidade que serve para designar uma mercadoria originária desse país, distrito ou localidade e cuja qualidade e caraterísticas são determinadas exclusiva ou principalmente pelo meio geográfico, incluindo as condições naturais e os factores humanos.

Seguindo o exemplo da França, o mesmo sistema ou um sistema semelhante foi também introduzido noutros países, principalmente em relação aos vinhos e às bebidas espirituosas (Lei italiana n.º 125, de 10 de abril de 1954, "Sobre a utilização das denominações típicas dos queijos", Lei italiana n.º 1618, de 7 de dezembro de 1951, sobre a proteção das denominações de certos tipos de vinhos) [32,33].

Em 1925, na Conferência Diplomática de Haia para a revisão da Convenção de Paris, as denominações de origem foram incluídas como objeto de propriedade industrial.

Desde essa altura, podemos falar do início da terceira fase da proteção jurídica das indicações geográficas.

A principal diferença entre a denominação de origem e a denominação de origem reside no facto de a primeira só poder ser aplicada a produtos com propriedades especiais devidas exclusiva ou principalmente ao meio geográfico, ao passo que não existia tal requisito para as denominações de origem. Esta diferença determinou, em primeiro lugar, a necessidade de confirmar essas propriedades através do registo da denominação de origem e, em segundo lugar, o âmbito da proteção jurídica. O principal objetivo da concessão de proteção jurídica a este objeto era proteger os produtores de produtos únicos e específicos contra a "diluição" da denominação e a sua transformação num conceito genérico.

Com o desenvolvimento da proteção jurídica da denominação de origem das mercadorias a nível internacional, iniciou-se o trabalho de criação de um acordo internacional especial que, por um lado, servisse de base para a criação, noutros Estados, de legislação nacional no domínio da proteção da denominação de origem das mercadorias e, por outro, visasse harmonizar as disposições nacionais relativas à proteção das indicações geográficas em geral e da denominação de origem das mercadorias em particular. Esse acordo foi assinado na cidade de Lisboa, em 31 de outubro de 1958, e foi designado por Acordo de Lisboa para a Proteção das Denominações de Origem e seu Registo Internacional (a seguir designado por "Acordo de Lisboa"). Nele, pela primeira vez a nível internacional, foi dada uma definição completa e clara da denominação de origem. Esta definição, com algumas alterações, foi adoptada por muitas legislações nacionais. Ao mesmo tempo, as condições bastante rigorosas para a concessão de proteção jurídica à denominação de origem, em conformidade com o Acordo de Lisboa, foram a razão pela qual esta não ganhou muita popularidade no mundo. Até à data, 28 Estados participam no Acordo de Lisboa [34].

O sistema de proteção das indicações geográficas é desenvolvido a nível regional no âmbito da Comunidade Económica Europeia (a seguir designada por "CEE"), quando os Estados-Membros se deparam com o problema da utilização de denominações idênticas tradicionalmente protegidas em dois ou mais países da CEE. Até 1992, não existia uma abordagem unificada da proteção das indicações geográficas na CEE, com exceção das disposições relativas à proteção contra indicações de origem falsas ou enganosas e à proibição da concorrência desleal. Em 14 de julho de 1992, foi adotado o Regulamento (CEE) n° 2081/92 relativo à proteção das indicações geográficas e denominações de origem dos produtos agrícolas e dos géneros alimentícios (a seguir designado por "Regulamento n° 2081/92"), que entrou em vigor em 24 de julho de 1993. Este documento estabeleceu o primeiro grande sistema regional de proteção das indicações geográficas. A principal inovação foi a introdução de uma nova entidade protegida, denominada indicação geográfica protegida (IGP), a par da denominação de origem protegida (DOP), já existente. Ambos os termos são utilizados apenas em relação a produtos agrícolas e géneros alimentícios e são definidos como o nome de uma entidade geográfica (uma região, uma localidade específica, um país) que é utilizada para designar um produto agrícola ou um género alimentício com uma qualidade ou caraterísticas especiais devidas, principal ou exclusivamente, a factores geográficos, incluindo influências naturais e humanas. Ao mesmo tempo, para conceder proteção jurídica a uma denominação de origem, os referidos produtos devem ser produzidos, transformados ou fabricados nessa entidade geográfica, ao passo que para o registo de uma indicação geográfica é suficiente que apenas uma das fases do processo de produção seja realizada nessa entidade geográfica. Ao mesmo tempo, o âmbito da proteção jurídica dos dois objectos é o mesmo [35].

Este regulamento foi substituído, em 20 de março de 2006, pelo Regulamento (CE) n.º 510/2006 do Conselho relativo à proteção jurídica das indicações geográficas e denominações de origem dos produtos agrícolas e dos géneros alimentícios (a seguir designado por "Regulamento n.º 510/2006"), que utiliza igualmente a terminologia acima referida. Simultaneamente, este regulamento introduz outro objeto - "garantia de conformidade com a receita tradicional", cuja definição difere dos dois termos anteriores pela ausência de uma indicação da origem geográfica do produto [36]. Atualmente, encontra-se em vigor o Regulamento UE n.º 1151/2012 do Parlamento Europeu e do Conselho, de 21 de novembro de 2012 (doravante - Regulamento n.º 1151/2012), sobre esta matéria [37].

No entanto, mesmo na União Europeia, nem todas as legislações nacionais prevêem atualmente a proteção deste tipo de indicações geográficas. A este respeito, podemos falar da existência de dois sistemas de legislação nacional: o sistema alemão, segundo o qual são protegidas as indicações geográficas "simples" (ou seja, as indicações de origem), e o sistema francês, que confere proteção jurídica às indicações geográficas "qualificadas" (ou seja, as denominações de origem protegidas e as indicações geográficas) e que constitui a base dos regulamentos acima referidos [38, p. 122].

Note-se, porém, que a evolução da proteção jurídica das indicações geográficas acima referida se refere aos países da família jurídica romano-germânica (França, Espanha, Alemanha e Itália). Ao mesmo tempo, nos países da chamada "common law" (nomeadamente nos EUA) não existe qualquer regulamentação jurídica especial para estas denominações. Neste domínio, apenas está em vigor a legislação contra a concorrência desleal (contra os chamados actos de "passing off"), que é combinada com o registo de indicações geográficas ao abrigo do direito das marcas. Devido ao facto de, como já foi referido, o direito das marcas conter frequentemente restrições ao registo de uma denominação de origem geográfica como marca, o sistema de marcas de certificação é amplamente utilizado nestes países. Uma marca de certificação é uma designação (verbal, pictórica, etc.), cujo direito de utilização é concedido por uma determinada autoridade pública apenas aos produtores que cumpram determinados requisitos. Esses requisitos estão reflectidos na especificação da marca de certificação e podem consistir na necessidade de produzir produtos numa área geográfica específica. Ao contrário das marcas registadas, as marcas de certificação podem ser apostas por qualquer fabricante de um determinado tipo de produto, se este for produzido na área relevante (por exemplo, a marca de certificação "FJ" para sumos de fruta produzidos na Florida) [6, c. 69].

Assim, no final do século XX, tinham surgido no mundo vários sistemas importantes de proteção das indicações geográficas:

1.   "Alemão". O principal meio de proteção das indicações geográficas é a proteção das indicações de origem.

2.   "Francês". Para além das indicações de origem, é concedida proteção jurídica à denominação de origem dos produtos para designar produtos com propriedades especiais.

Uma vez que o sistema "alemão" é mais caraterístico dos países nórdicos e o sistema "francês" do sul da Europa, a CEE tentou unificar estes sistemas através do Regulamento n.º 2081/92.

3.   "Americano" (esta designação foi introduzida devido ao facto de a maioria dos produtos dos países deste sistema, aos quais são aplicadas indicações geográficas, serem originários dos EUA). As indicações geográficas são protegidas pela legislação relativa à luta contra a concorrência desleal e pela legislação relativa às marcas. O sistema de marcas de certificação está muito difundido.

Tendo em conta esta diferença na regulamentação jurídica das indicações geográficas, a OMPI procurou, desde 1974, concluir um acordo internacional neste domínio que harmonizasse os diferentes sistemas de proteção jurídica. No centro da regulamentação deste acordo devia estar o conceito de "indicação geográfica", que é considerada como qualquer designação do local efetivo de produção de um bem, independentemente de as caraterísticas do bem estarem ligadas à sua origem geográfica. Infelizmente, até à data, não foi celebrado qualquer acordo deste tipo.

Ao mesmo tempo, em 1994 assistiu-se a um novo e importante desenvolvimento na proteção das indicações geográficas. A emergente Organização Mundial do Comércio celebrou um dos seus acordos de base, o Acordo sobre os Aspectos dos Direitos de Propriedade Intelectual Relacionados com o Comércio (TRIPS), que definiu normas mínimas para a proteção dos principais objectos de propriedade intelectual. Um capítulo separado do TRIPS é dedicado à regulamentação de um novo objeto - a indicação geográfica, que é definida no artigo 22.º como uma designação que reflecte um grau significativo de associação da qualidade, reputação ou outras caraterísticas de um produto com a sua origem geográfica. No que respeita a essas denominações, o TRIPS prevê disposições sobre a proibição de induzir os consumidores em erro quanto ao verdadeiro local de origem. É especificamente referido que tal designação pode refletir o verdadeiro local de origem, mas dar uma falsa impressão ao público de que o produto é originário de um local diferente [39].

Em setembro de 2008, a Assembleia da União de Lisboa criou o Grupo de Trabalho para o Desenvolvimento do Sistema de Lisboa, responsável pelo estudo de possíveis formas de melhorar os procedimentos no âmbito do Sistema de Lisboa para o tornar mais atrativo para os utilizadores e potenciais novos membros, mantendo simultaneamente os princípios e objectivos do Acordo de Lisboa [40].

A Conferência Diplomática para a adoção do Acordo de Lisboa revisto teve lugar de 11 a 21 de maio de 2015. E em 20 de maio de 2015, na Conferência Diplomática da OMPI, o Ato de Genebra sobre Denominações de Origem e Indicações Geográficas (a seguir designado por Ato de Genebra), que constitui o Acordo de Lisboa alterado, foi assinado pela OMPI e pelos Estados [41].

do Ato de Genebra, entende-se por denominação de origem uma denominação protegida numa parte contratante de origem que é o nome de uma área geográfica, ou outra denominação conhecida por indicar tal área, ou que contém tal nome ou outra denominação, que serve para designar um produto como originário dessa área geográfica, em que a qualidade ou as caraterísticas do produto se devem exclusiva ou principalmente ao meio geográfico, incluindo os factores naturais e humanos.

Como podemos ver, em comparação com a versão atual do Acordo de Lisboa, a definição de denominação de origem das mercadorias é mais ampla, uma vez que permite conceder proteção jurídica não só a uma denominação direta, mas também a uma denominação indireta.

Simultaneamente, o artigo 2.º do Ato de Genebra define uma indicação geográfica como uma indicação protegida na parte contratante de origem que é o nome de uma área geográfica ou outra indicação conhecida por indicar tal área, ou que contém tal nome ou outra indicação que identifica as mercadorias como originárias dessa área geográfica, quando uma certa qualidade, reputação ou outra caraterística das mercadorias se deve principalmente à sua origem geográfica [41].

Assim, na evolução da proteção jurídica das indicações geográficas, podem distinguir-se claramente quatro fases principais: na primeira fase (do século XIV ao início do século XX), a proteção jurídica de certas indicações geográficas começa a ser consagrada na legislação de alguns Estados com o objetivo principal de afirmar o monopólio do fabricante dos produtos, estando ausente a sua proteção jurídica enquanto objectos do direito de propriedade intelectual; na segunda fase (início do século XX - meados do século XX), no âmbito do conceito de "indicação de origem das mercadorias" enquanto objeto do direito de propriedade intelectual. Esta evolução reflecte o processo de compreensão, primeiro a nível nacional e depois a nível internacional, da essência e da necessidade de proteção das indicações geográficas.

CAPÍTULO 2

CONDIÇÕES DE CONCESSÃO DE PROTECÇÃO JURÍDICA ÀS INDICAÇÕES GEOGRÁFICAS ENQUANTO OBJECTOS DE PROPRIEDADE INTELECTUAL

Indicação de origem

Como já foi referido, a Convenção de Paris confere proteção jurídica a este objeto. Atualmente, o número de partes na Convenção de Paris é de 176 Estados, pelo que se trata do meio mais generalizado de proteção jurídica das indicações geográficas.

Ao mesmo tempo, nem a própria Convenção de Paris nem o comentário autorizado de G. Bodenhausen especificam se as suas disposições se aplicam a todas as indicações do local de origem efectiva [42].

Existem dois pontos de vista principais sobre esta questão. De acordo com o primeiro deles, uma indicação de origem não é mais do que uma informação sobre o local efetivo de produção das mercadorias, independentemente de qualquer das suas propriedades estar relacionada com a origem geográfica [5, p. 3,14, p. 14]. A mesma abordagem predomina nas publicações oficiais da OMPI [43, p. 237], além de ser adoptada pelo famoso civilista russo A.P. Sergeev [44, p. 385]. Entretanto, é de notar que, de acordo com a terminologia tradicionalmente utilizada, o termo "indicação de origem" inclui todas as denominações de origem das mercadorias, mas, na sua utilização geral, tornou-se antes uma designação aplicada às indicações de origem que não são consideradas denominações de origem das mercadorias [43, p. 237].

O segundo ponto de vista é que a indicação de origem se aplica apenas a mercadorias cujas propriedades são, em certa medida, condicionadas pelo local de origem, que é conhecido pelos consumidores. Este ponto de vista é defendido, nomeadamente, por A. Grigoriev. Justifica-o pelo facto de o primeiro e fundamental pré-requisito para a proteção das indicações geográficas ser a necessidade de proteger a designação, geralmente entendida como uma indicação da origem geográfica das mercadorias, que, se utilizada em relação a mercadorias originárias de outro local, induzirá o consumidor em erro quanto ao local de origem. Na sua opinião, "na realidade, só podemos falar de uma indicação de origem como categoria jurídica quando existe uma reputação estabelecida desse produto em relação a um determinado local geográfico. Como mostra a prática, o simples facto de uma empresa ter escolhido um determinado local geográfico para as suas actividades (produção ou prestação de serviços) não faz desse nome geográfico uma indicação de origem das mercadorias" [45, p. 17]. [45, c. 17].

Esta disposição aplica-se, nomeadamente, à prática de proteção das denominações de origem na Alemanha, em que a perceção do consumidor médio de uma denominação como geográfica é decisiva para que esta seja reconhecida como tal. Se a denominação não for bem conhecida e não for percebida pelo consumidor como geográfica, não se aplicam as disposições relativas à proteção contra falsas indicações geográficas [46].

É possível concordar com este ponto de vista, na medida em que a proibição de indicações de origem falsas ou enganosas dos produtos, com base na essência deste conceito, tem como principal objetivo proteger os interesses dos consumidores. No entanto, se os consumidores não associarem a essa indicação quaisquer propriedades, mesmo que de carácter geral (por exemplo, a elevada qualidade de qualquer produto alemão), não há que falar de violação dos seus direitos.

Simultaneamente, A. Grigoriev tira ainda a seguinte conclusão. "Uma denominação geográfica só pode tornar-se uma indicação de origem ou mesmo uma denominação de origem no decurso das actividades de uma empresa e apenas quando o consumidor desenvolve uma relação clara entre o local de produção ou de venda dos produtos e as suas propriedades. Caso contrário, a denominação geográfica só pode destacar a mercadoria e não o seu local de origem" [47, p. 18] [47, c. 18].

Isto levanta a seguinte questão: como determinar o momento em que o consumidor desenvolve essa relação? É perfeitamente possível que um produto seja produzido no território de uma zona geográfica pouco conhecida e que as suas propriedades sejam, em certa medida, determinadas pelo local de origem (por exemplo, uma nascente de água mineral recentemente descoberta). Se essa denominação não beneficiar de proteção jurídica no âmbito da proibição de falsas denominações, poderá causar danos significativos, em primeiro lugar, aos verdadeiros produtores desses produtos, porque, em caso de utilização não autorizada dessa denominação, os consumidores desenvolverão, com o tempo, uma falsa relação com o local de produção dos produtos.

Simultaneamente, no que se refere a induzir o consumidor em erro (Acordo de Madrid), o objeto geográfico deve ser conhecido, uma vez que uma indicação formalmente verdadeira do local de origem pode dar origem a ideias erradas sobre a sua origem, conduzindo a uma ideia errada sobre as propriedades dos produtos.

Assim, consideramos que a proteção jurídica das denominações de origem visa, em primeiro lugar, proteger as mercadorias cujas propriedades são, em certa medida, determinadas pelo seu local de origem. Não importa se os consumidores têm uma relação relevante entre a origem das mercadorias e as suas propriedades (critério subjetivo), o principal é que essa relação exista objetivamente (critério objetivo). No entanto, esta conclusão aplica-se apenas à proibição de falsas indicações de origem. Quanto às indicações enganosas, estas só se aplicam às mercadorias em que essa relação existe no espírito dos consumidores. Assim, neste caso, estão presentes critérios objectivos e subjectivos. Como já foi referido, a proibição de indicações de origem enganosas está consagrada no Acordo de Madrid. No entanto, em comparação com a Convenção de Paris, o número de partes no Acordo de Madrid é reduzido. As razões prendem-se principalmente com o facto de os acordos deste tipo terem dificuldades em estabelecer e definir uma área específica que seja adequada para uma indicação geográfica, bem como dificuldades em determinar quando é que uma denominação se tornou tão generalizada que se tornou genérica e descritiva. Ao mesmo tempo, o Acordo de Madrid envolve os principais Estados europeus, como a Alemanha, a França, o Reino Unido, a Itália, a Suécia e a Suíça [31].

Ao mesmo tempo, a legislação internacional, regional e nacional, bem como as publicações até à data, substituem o conceito de "denominação de origem" pelo termo "indicação geográfica", na aceção do Acordo TRIPS.

Indicação geográfica

O conceito de "indicação geográfica", tal como definido no Acordo TRIPS acima referido, é utilizado apenas para produtos com uma determinada qualidade, reputação ou outras caraterísticas que tenham uma relação significativa com a origem geográfica. Simultaneamente, é concedida proteção jurídica tanto às designações diretas como às indirectas. do Acordo TRIPS, essa proteção é concedida tanto contra todos os actos que constituam actos de concorrência desleal como contra qualquer utilização suscetível de induzir os consumidores em erro quanto à origem geográfica do produto.

Daqui decorre que uma indicação geográfica, na aceção do Acordo TRIPS, é um objeto de direito de propriedade industrial e que, para a maior parte das mercadorias, o regime jurídico de proteção das indicações geográficas é semelhante ao regime jurídico correspondente para as indicações de origem previsto na Convenção de Paris e no Acordo de Madrid. Em ambos os casos, apenas o critério objetivo, ou seja, a origem geográfica das mercadorias, é obrigatório, ao passo que, para os sinais susceptíveis de induzir em erro, o critério subjetivo também é obrigatório. Ao mesmo tempo, é de notar que a definição de indicação geográfica no Acordo TRIPS contém a noção de um "grau significativo" de condicionamento das propriedades dos produtos pela sua origem geográfica, que não existe para as denominações de origem. Assim, no sítio Web oficial da OMPI, na secção "Indicações geográficas. Frequently Asked Questions" observa que, ao contrário das indicações geográficas na aceção do Acordo TRIPS, uma indicação de origem "não implica a existência de qualidades, reputação ou caraterísticas especiais de um produto que se devam substancialmente ao seu local de origem" [48]. [48]. Ao mesmo tempo, como já foi referido, também é necessário um critério objetivo para uma indicação de origem, mas as caraterísticas de um produto só podem ser associadas à sua origem geográfica de uma forma muito geral.

Além disso, o conceito de "origem geográfica" é interpretado por alguns autores apenas como a condicionalidade das propriedades das mercadorias a condições naturais [1].

Assim, tendo em conta o que precede, consideramos que o conceito de "indicação geográfica", na aceção do Acordo TRIPS, é um pouco mais restrito do que o conceito de "indicação de origem" previsto na Convenção de Paris.

Além disso, o artigo 23.º do Acordo TRIPS prevê um âmbito adicional de proteção jurídica para as indicações geográficas de vinhos e bebidas espirituosas. O âmbito da sua proteção jurídica está próximo de um objeto como a "denominação de origem das mercadorias". Assim, para além das proibições gerais comuns a todas as indicações geográficas, são proibidas as chamadas cláusulas de deslocalização ("tipo", "espécie", "género", etc.). No entanto, a proibição é utilizada apenas em relação a mercadorias não originárias do território da entidade geográfica designada e apenas em relação a mercadorias homogéneas, ou seja, vinhos e bebidas espirituosas, respetivamente.

Ao mesmo tempo, o Acordo TRIPS não prevê o registo obrigatório das indicações geográficas. Este facto distingue-as do termo similar consagrado no Regulamento 1151/2012, apesar da semelhança de definições. A este respeito, é difícil concordar com N.V. Chang, que identifica estes conceitos [15, p. 17]. O mesmo se pode dizer do conceito de "indicação geográfica" na aceção do Ato de Genebra, que exige o registo para a concessão de proteção jurídica e que será analisado mais detalhadamente a seguir.

Consideramos que a introdução do conceito de "indicação geográfica" no Acordo TRIPS se deve à necessidade de, apesar das diferenças verificadas no regime jurídico destas denominações nos diferentes Estados, introduzir um certo nível mínimo de proteção jurídica.

Nome do local de origem das mercadorias

Nos termos do n.º 1 do artigo 2.º da versão atual do Acordo de Lisboa, entende-se por denominação de origem o nome geográfico de um país, região ou localidade que serve para designar um produto originário desse país, região ou localidade e cuja qualidade e caraterísticas são determinadas exclusiva ou principalmente pelo meio geográfico, incluindo os factores naturais e humanos [49].

Note-se que esta definição foi objeto de críticas na literatura estrangeira, principalmente devido à presença do conceito de "meio geográfico" na mesma. Na definição de denominação de origem e na fundamentação do Acordo de Lisboa, não é claro se os factores naturais e humanos devem ser provados simultaneamente ou se a prova do fator social, por si só, é suficiente para satisfazer os requisitos do conceito. As propriedades das mercadorias manufacturadas ou artesanais podem não ser devidas às condições naturais do local de origem. Sobre esta questão, O.V.Ionova refere a opinião de alguns observadores estrangeiros (P.K.Beier), segundo a qual existe o receio de que as autoridades e os tribunais estrangeiros possam recusar a proteção da denominação de origem de determinadas mercadorias, com base no facto de não existir uma relação necessária entre as propriedades das mercadorias e as condições naturais do local de origem. Além disso, é dado o exemplo de uma decisão de um tribunal francês que recusou a proteção da denominação "Moutarde de Dijon" (mostarda de Dijon) com base no facto de a matéria-prima para a produção de mostarda não poder ser obtida apenas em Dijon e de não existir uma relação qualitativa entre as propriedades da mostarda e as condições naturais de Dijon [50, p. 14].

Sugere-se também que uma relação qualitativa entre uma mercadoria e o meio geográfico "que pode ter existido no início do fabrico de um produto industrial pode mais tarde ser
"esticada" ao ponto de a sua existência ser difícil de provar". Também à luz dos processos migratórios, "as tradições de produção e de mão de obra qualificada podem ser deslocadas de uma área geográfica para outra" [43, p. 246] [43, c. 246]. Esta disposição é uma das principais razões da fraca popularidade do Acordo de Lisboa no mundo e da necessidade de adotar o Ato de Genebra.

Existem, no entanto, outros pontos de vista sobre esta questão. Assim, a teoria distingue muitas vezes as denominações de origem "naturais", quando as propriedades dos bens são condicionadas por factores naturais; as denominações de origem, quando as propriedades dos bens são condicionadas apenas por factores humanos (não existe uma denominação especial, mas nota-se que tais denominações de origem podem ser instáveis, temporárias e, em certas condições, transformar-se em denominações de espécie); as denominações de origem "clássicas", quando as propriedades dos bens são condicionadas por factores naturais; as denominações de origem "clássicas", quando as propriedades dos bens são condicionadas por factores humanos (não existe uma denominação especial, mas nota-se que tais denominações de origem podem ser instáveis, temporárias e, em certas condições, transformar-se em denominações de espécie). [26, c. 402]. Por conseguinte, podemos falar de uma interpretação extensiva deste conceito.

Consideramos que este ponto de vista requer uma análise mais cuidada. Neste ponto, é necessário fazer referência às normas da UE. Como já foi referido anteriormente, o atual Regulamento da UE n.º 1151/2012 distingue dois tipos de indicações geográficas protegidas para produtos agrícolas e géneros alimentícios: denominação de origem protegida (DOP) e indicação geográfica protegida (IGP). A primeira exige que todas as fases do processo de produção sejam efectuadas no território do elemento geográfico designado, enquanto para a segunda é suficiente que pelo menos uma das fases seja efectuada nesse território. O âmbito da proteção jurídica é o mesmo.

Segundo V. Stoppel, a confusão concetual deve-se às diferentes filosofias dos Estados-Membros da CEE. A denominação de origem está mais de acordo com as abordagens dos países do Sul da Europa - Espanha e Itália - que associam dados geográficos a um produto se a sua qualidade for diretamente adquirida numa determinada zona. É o caso, por exemplo, da fruta cultivada e colhida nessa zona, do leite e dos produtos lácteos cujas propriedades dependem das caraterísticas nutricionais dos animais de uma determinada região e do vinho. Em contrapartida, a indicação geográfica está mais de acordo com a abordagem do Norte da Europa, segundo a qual a qualidade é determinada pelo saber-fazer e pela experiência do produtor, mesmo que a matéria-prima seja originária de outra localidade [51, p. 139].

Por exemplo, exemplos de DOP alemãs protegidas incluem a carne de Luneburger Heidschnucke (Luneburger Heidschnucke), Allgauer Emmentaler (Allgauer Emmentaler) [52]. Simultaneamente, o leque de IGP protegidas é muito mais vasto e inclui, nomeadamente, a cerveja da Baviera e de Dortmund (Bayerisches Bier, Dortmunder Bier), a Schwarzwalder Schinken (Schwarzwalder Schinken), o Liibecker Marzipan (Liibecker Marzipan) [53].

Assim, a visão acima apresentada do conceito de denominação de origem combina as caraterísticas da DOP e da IGP. Ao mesmo tempo, não limita a possibilidade de registar uma denominação de origem apenas à esfera dos produtos agrícolas e alimentares.

Esta definição mais alargada da denominação de origem é caraterística, em particular, da legislação da Federação Russa. De acordo com o artigo 1516.º do Código Civil russo, "a denominação de origem das mercadorias, à qual é concedida proteção jurídica, é uma designação que representa ou contém um nome moderno ou histórico, oficial ou não oficial, completo ou abreviado, de um país, de uma povoação urbana ou rural, de uma localidade ou de outro objeto geográfico, bem como uma designação derivada de tal nome e que se tornou conhecida em resultado da sua utilização em relação a mercadorias cujas propriedades especiais estão excluídas da proteção jurídica. [54].

É de notar que esta definição, por analogia com o Ato de Genebra, alarga a lista de denominações que podem ser registadas como denominação de origem de mercadorias. Assim, para além da denominação que representa o nome de um objeto geográfico, pode ser concedida proteção jurídica a denominações que contenham o nome de um objeto geográfico, a derivados do nome de um objeto geográfico, bem como a denominações que não contenham o nome de um objeto, mas que permitam identificar as mercadorias como originárias do território de um determinado objeto geográfico.

Note-se que esta definição consta da Secção VII do Anexo 26 - Protocolo relativo à Proteção e Aplicação dos Direitos de Propriedade Intelectual - do Tratado da União Económica Eurasiática (UEE), que entrou em vigor em 1 de janeiro de 2015. [55]. A EAEU inclui atualmente a Arménia, a Bielorrússia, o Cazaquistão, o Quirguizistão e a Rússia.

Simultaneamente, a particularidade da denominação de origem das mercadorias é a necessidade de essa denominação ser conhecida, o que também é estipulado pelo Acordo de Lisboa, nos termos do n.º 2 do artigo 2.º, segundo o qual o país de origem é o país ou distrito ou localidade desse país, cujo nome constitui a denominação de origem das mercadorias que lhes conferiu a sua reputação.

No desenvolvimento desta disposição, há que ter em conta o seguinte. Em primeiro lugar, A.P. Sergeyev afirma que uma denominação deve ser associada pelos consumidores a um determinado local de origem. "Se tais associações não surgirem, a denominação, mesmo incluindo o nome do objeto geográfico, não pode ser declarada como denominação de origem das mercadorias" [56, p. 607]. [56, c. 607]. Além disso, os nomes dos objectos geográficos são associados pelo público a certas propriedades das mercadorias produzidas nessa área. Neste caso, como se afirma na obra de V.A. Dozortsev, "as propriedades especiais devem ter um carácter estável, estável e conhecido" [57, p. 273] [57, c. 273]

Ao mesmo tempo, esta questão não está claramente resolvida na legislação bielorrussa ou russa. Na prática da Rospatent, registaram-se casos de recusa de registo como denominação de origem de mercadorias de uma denominação devido à falta de notoriedade, em particular, de uma denominação como "Essentuki Healing" [58]. No entanto, devido à falta de aplicação uniforme desta disposição, a mesma é objeto de críticas. Em particular, M.A. Saltykov considera que é necessário abolir o requisito da fama do objeto e que o termo "denominação de origem das mercadorias" deve ser substituído pelo termo "indicação geográfica" [12, p. 8]. [12, c. 8].

L.L.Kiriy e S.A.Gorlenko fundamentam nesta questão a necessidade de introduzir, juntamente com a denominação de origem das mercadorias, a indicação geográfica como um objeto independente de propriedade intelectual (semelhante ao Ato de Genebra) [59]. O investigador ucraniano O.O.Kovalchuk escreve sobre o mesmo assunto no seu trabalho de dissertação [60, p. 6].

Ao mesmo tempo, em nossa opinião, a introdução de um objeto adicional "indicação geográfica", com a concessão de proteção jurídica no processo de registo, juntamente com a denominação de origem das mercadorias ao abrigo da definição existente, levará a uma "sobreposição" dos critérios para a concessão de proteção jurídica a cada um dos objectos, e a presença dos sinais "exclusivamente", "principalmente", "essencialmente", que não estão claramente definidos a nível legislativo, causará dificuldades adicionais no processo de registo de tais denominações. Além disso, a prática da Ucrânia nesta matéria pode ser citada como exemplo. Apesar da presença na legislação de dois objectos semelhantes em definição à denominação de origem e à indicação geográfica e protegidos pelo procedimento de registo, na prática, na Ucrânia, das 42 denominações de origem qualificadas, apenas uma indicação geográfica relacionada com a Geórgia - vodka de bagaço de uva "Chacha" - foi registada [61].

Além disso, o artigo 9.º do Ato de Genebra estabelece que as partes contratantes que não estabeleçam na sua legislação nacional ou regional uma distinção entre uma denominação de origem e uma indicação geográfica não são obrigadas a introduzir essa distinção na sua legislação nacional ou regional, desde que essa legislação trate as denominações de origem registadas como indicações geográficas registadas.

Em relação ao que precede, consideramos que, para efeitos de uniformidade terminológica, o conceito de "indicação geográfica", na aceção do Regulamento n.º 1151/2012 e do Ato de Genebra, pode ser incluído no conceito de "denominação de origem das mercadorias" no seu sentido mais geral, que é utilizado nos Estados da EAEU, com base no mesmo âmbito de proteção jurídica e a fim de evitar confusões terminológicas. Ao mesmo tempo, propõe-se excluir desta definição a exigência de familiaridade obrigatória com a denominação.

Marcas registadas

A proteção das indicações geográficas através de marcas, tanto individuais como colectivas, bem como de marcas de certificação, é comum nos países de direito consuetudinário. Ao mesmo tempo, este método de proteção também é possível nos países do sistema de direito romano-germânico, apesar das disposições gerais da legislação sobre a proibição de registar como marcas as designações do local geográfico de origem dos produtos.

Assim, em muitos países estrangeiros, a prática do registo de marcas colectivas para individualizar a designação do local geográfico de origem está generalizada. Em particular, esta prática é aplicada na UE tanto a nível da própria União como a nível de cada Estado. Assim, o Regulamento da UE n.º 207/2009, de 26 de fevereiro de 2009. "n.º 2, prevê que as marcas colectivas podem ser constituídas por indicações geográficas, o que constitui uma exceção à regra geral de que as denominações do local geográfico de origem não podem ser registadas como marcas.

A particularidade de tais marcas colectivas é que o seu registo não confere ao proprietário o direito de proibir a utilização dessas indicações geográficas por terceiros, se essa utilização for lícita, ou seja, se os produtos produzidos por essas pessoas forem originários do território desse objeto geográfico [62].

Uma regra semelhante consta do n.º 99 da Lei das Marcas da República Federal da Alemanha. Por exemplo, os nomes de produtos alimentares como "Dresdner Christstollen" ("bolos de Natal de Dresden") e "Niimberger Lebkuchen" ("pão de gengibre de Nuremberga") estão registados como marcas colectivas na Alemanha [63].

O exemplo mais típico de regulamentação jurídica no âmbito da legislação sobre marcas de certificação é geralmente citado como uma lei belga que estabelece o direito do Rei de nomear um ou mais organismos autorizados para certificar a conformidade dos produtos marcados com uma indicação geográfica com os requisitos estabelecidos na portaria que reconhece a indicação geográfica como objeto de proteção. Essa confirmação é efectuada mediante a emissão de um certificado ao produtor das mercadorias em causa. Ao mesmo tempo, o rei estabelece também as condições a cumprir por esses organismos, as garantias que devem apresentar para obter a autorização de certificação, bem como o montante das taxas que podem receber pela emissão de certificados de origem [26, p. 399].

A utilização de marcas individuais também é possível, mas apenas se esta designação estiver associada não a uma localização geográfica, mas a uma origem específica da produção do produto, ou seja, se tiver adquirido o chamado "significado secundário" [38, c. 15]. Isto decorre da disposição do parágrafo C (1) do Artigo b-quinques da Convenção de Paris, segundo a qual "para determinar se um sinal pode ser objeto de proteção, é necessário ter em conta todas as circunstâncias factuais, especialmente a duração do uso do sinal" [30]. [30]. O que está aqui em causa é a aquisição de carácter distintivo pela marca.

É necessário aprofundar esta questão. Não existe uma definição jurídica de carácter distintivo nos documentos internacionais. Ao mesmo tempo, o carácter distintivo é geralmente entendido como um determinado conjunto de caraterísticas externas de um sinal, que lhe permite ser facilmente reconhecido, recordado, reconhecido aquando da marcação de mercadorias [23, p. 26]. De acordo com N.Y. Medvedev, "considera-se que uma designação adquiriu carácter distintivo em resultado do uso, se uma parte significativa dos consumidores a percecionar como um meio de individualização de bens ou serviços. Não é necessário que o consumidor associe esta designação a um determinado fabricante" [17, p. 8]. [17, c. 8]. M.N. Zubkova dá a seguinte definição de carácter distintivo: "O carácter distintivo é a capacidade de uma marca para conferir aos produtos (serviços) caraterísticas de individualidade, singularidade e originalidade, para tornar os produtos (serviços) para os consumidores reconhecíveis e memoráveis entre outros produtos (serviços) homogéneos" [21, p. 15]. [21, c. 15].

O carácter distintivo deve ser absoluto - a marca deve individualizar os produtos de um determinado fabricante por si só, independentemente da presença de outras marcas ou pedidos de registo de marca, e relativo - a marca não deve ser idêntica ou confusamente semelhante a outra marca. Os motivos absolutos de recusa, sem comparação com outros objectos de direitos de terceiros, permitem avaliar a essência (o chamado "valor intrínseco") da designação pedida para registo, a sua capacidade para desempenhar as funções de uma marca e, em primeiro lugar, a principal - a função individualizadora. Os motivos "relativos" de recusa devem responder à pergunta: no caso de ser registada como marca, a denominação requerida violará os direitos de terceiros sobre outros objectos, incluindo marcas registadas? Neste caso, a avaliação da denominação é efectuada com base na comparação com outros objectos de direitos de terceiros. [64, c. 48].

No entanto, para registar uma marca, para além do carácter distintivo da designação, é necessário que não haja necessidade da sua utilização gratuita.

Para que uma indicação geográfica possa ser registada como marca (o seu elemento protegido), essa indicação deve representar ou refletir o verdadeiro local de origem dos produtos. Caso contrário, essa marca não pode ser registada. Ao mesmo tempo, as denominações que, embora incluam o nome do objeto geográfico, não podem, de facto, ser entendidas como marcas com a designação do local geográfico de origem dos produtos, devido à irrealidade da sua ligação com o objeto geográfico, aparecem como marcas de fantasia. Tais designações podem ser registadas como marcas quando não são entendidas pelo consumidor como uma designação do local de origem dos produtos ou quando a tradição das designações neste domínio prevê a utilização de designações geográficas como um meio de individualização e quando, na vida quotidiana, o produto e o objeto geográfico não estão associados um ao outro [51, p. 144].

A aquisição do carácter distintivo de uma marca ocorre quando a utilização, por uma empresa, da denominação do lugar geográfico de origem de um produto na rotulagem dos seus produtos cria, ao longo do tempo, uma ligação tal entre a reputação respectiva dos produtos e essa denominação que, no espírito dos consumidores, a presença dessa denominação geográfica em certos tipos de produtos provoca uma associação não tanto com o lugar geográfico, mas diretamente com os próprios produtos.

É de notar que, na Federação Russa, está em vigor o Despacho do Rospatent nº 39, de 23 de março de 2001, "Sobre a aprovação de recomendações relativas a determinadas questões do exame das denominações reivindicadas", cuja secção 2.4 é dedicada às peculiaridades do exame das denominações que consistem em nomes geográficos ou que os incluem. De acordo com este diploma, distinguem-se dois tipos de denominações deste tipo:

1.   denominações que são reivindicadas para mercadorias cujas caraterísticas estão relacionadas com a origem geográfica. Neste caso, a denominação geográfica indica o local de produção ou de comercialização das mercadorias, a localização do fabricante das mercadorias e a origem geográfica das mercadorias (ou seja, neste caso, é uma indicação da origem das mercadorias);

2.   denominações reivindicadas para mercadorias cujas caraterísticas não estão relacionadas com a origem geográfica. Neste caso, a denominação geográfica indica apenas o local de produção ou de comercialização dos produtos e a localização do fabricante.

No caso do primeiro tipo de denominação, de acordo com este diploma, não é aconselhável conceder-lhe proteção jurídica, mesmo que o requerente apresente provas convincentes de que o consumidor considera a denominação como a marca do fabricante.

Esta abordagem explica-se pelo facto de uma denominação geográfica que indique a origem geográfica das mercadorias dever poder ser utilizada livremente por diferentes fabricantes que produzam mercadorias cuja qualidade, reputação e outras caraterísticas estejam relacionadas com as peculiaridades do local de produção das mercadorias, as suas condições naturais. A designação "CASPII" para o produto "caviar preto" é dada como exemplo. Mesmo que o requerente prove que a denominação é entendida pelo consumidor como a marca registada do produtor, os vários produtores de caviar preto da região deveriam poder utilizar esta denominação que indica o local de produção do produto "caviar" para caraterizar o caviar preto que produzem, que tem uma reputação associada ao Mar Cáspio.

Se estivermos a falar do segundo tipo de designações, então, dependendo da quantidade de informação contida nas fontes de informação, estas designações podem ser condicionalmente divididas em dois grupos:

- que são nomes geográficos bem conhecidos que podem ser entendidos como a localização do fabricante;

- que são nomes obscuros que não são susceptíveis de serem percebidos como a localização do fabricante.

Se uma denominação pertencer ao primeiro grupo, não é aconselhável conceder-lhe proteção jurídica, exceto no caso de o requerente ter apresentado materiais que confirmem que o consumidor percebeu a denominação reivindicada antes da data de apresentação do pedido como uma denominação dos produtos do fabricante.

Se a designação pertencer ao segundo grupo, pode ser-lhe concedida proteção jurídica [65].

Outra classificação das indicações geográficas que podem ser registadas como marcas (os seus elementos protegidos) está reflectida na publicação da OMPI "Introduction to Intellectual Property".

De acordo com esta classificação, são distintivos, ou seja, possuem carácter distintivo:

а) designações obscuras;

б) referências a zonas onde não se esperaria a produção de determinados bens;

в) designações conhecidas se não existirem outros industriais ou comerciantes no mesmo ramo de atividade e se não houver potencial para que futuros concorrentes se estabeleçam no local;

г) uma designação que, através de uma utilização longa e intensiva, se torna associada a uma determinada empresa de tal forma que se torna distintiva como marca registada, mesmo que já existam concorrentes ou que estes se afirmem no futuro [41, p. 186].

Assim, se analisarmos as duas classificações acima referidas, podemos identificar duas caraterísticas principais que determinam a possibilidade de registo das denominações do local geográfico de origem dos produtos como marca:

1. objetivo - as caraterísticas de uma mercadoria estão relacionadas com a sua origem geográfica;

2. subjectiva - uma parte significativa dos consumidores associa a denominação a um carácter geográfico.

A este respeito, podem distinguir-se 3 combinações diferentes destes atributos:

1. Independentemente da presença de um atributo subjetivo, existe um atributo objetivo. Neste caso, o registo de tal denominação deve ser recusado, uma vez que existe a necessidade da sua livre utilização.

2. O sinal subjetivo está presente, o sinal objetivo está ausente. O registo é possível em dois casos:

а) se não houver produção de bens homogéneos na zona e se não houver potencial para a produção futura desses bens;

б) se a designação tiver adquirido o chamado "significado secundário".

Segundo M.N. Sokolova, o facto de não haver produção de bens homogéneos e o potencial para a produção futura desses bens devem ser confirmados por um organismo territorial autorizado, que pode ser, por exemplo, a autoridade executiva de uma unidade administrativo-territorial [11, p. 19].

3. Faltam sinais subjectivos e objectivos. Trata-se de indicações geográficas pouco conhecidas e as caraterísticas dos produtos não estão relacionadas com a sua origem geográfica. A denominação pode ser registada como marca.

Esta tese também se reflecte nas publicações de especialistas russos no domínio da propriedade intelectual, que se referem à prática do registo de marcas no Instituto de Patentes da Federação Russa [24, p. 29].

Assim, a condição para conceder proteção jurídica a uma denominação geográfica como indicação de origem de um produto é que as propriedades do produto sejam condicionadas, em qualquer medida, pela sua origem geográfica (um critério objetivo). Ao mesmo tempo, para proteger uma indicação de origem de um produto, não é necessário que essa denominação seja conhecida pelos consumidores.

A condição para a proteção jurídica de uma denominação como indicação geográfica, na aceção do Acordo TRIPS, é que as propriedades das mercadorias sejam substancialmente atribuíveis à sua origem. A proteção jurídica de tal denominação não exige o seu registo, que é o ponto em que o termo difere do conceito de "indicação geográfica" na aceção do Regulamento n.º 1151/2012 e do Ato de Genebra.

Ao mesmo tempo, para que uma denominação receba proteção jurídica como denominação de origem de uma mercadoria, as propriedades da mercadoria devem estar condicionadas exclusiva ou principalmente pelo local de origem. Ao mesmo tempo, a denominação de origem pode ser considerada num sentido restrito, que está consagrado na versão atual do Acordo de Lisboa e implica uma relação bastante estrita entre as propriedades dos produtos e o meio geográfico, bem como num sentido mais lato, que combina os conceitos de "denominação de origem" (DOP) e "indicação geográfica" (IGP) do Regulamento n.º 1151/2012 e prevê a possibilidade de registo como denominação de origem para uma lista mais vasta de denominações. A primeira definição é clássica, a segunda é utilizada, nomeadamente, na legislação dos Estados membros da EAEU. Ao mesmo tempo, na nossa opinião, a sua definição exige a exclusão do requisito da notoriedade da denominação.

A designação do local geográfico de origem dos produtos pode ser legalmente protegida através do registo de uma marca colectiva ou de certificação. O registo de uma marca individual é possível quando a designação requerida tiver adquirido um carácter distintivo (o chamado "significado secundário"). Para o identificar, é necessário determinar a combinação de critérios objectivos (presença de certas propriedades determinadas pelo local de origem dos produtos) e subjectivos (perceção da denominação como geográfica). Se o critério objetivo estiver presente, o registo de tal designação como marca é excluído.

CAPÍTULO 3

PARTICULARIDADES DA COMPOSIÇÃO TEMÁTICA E DIREITOS A INDICAÇÕES GEOGRÁFICAS

Como já foi referido, a especificidade das denominações do lugar geográfico de origem das mercadorias reside no facto de o direito de as utilizar, regra geral, dever ser livre para utilização por todas as pessoas que produzam mercadorias no território do objeto geográfico designado. Este facto determina uma certa especificidade dos direitos de utilização da denominação de origem das mercadorias, da indicação geográfica e da denominação de origem das mercadorias.

Assim, uma das caraterísticas mais importantes de um objeto de propriedade intelectual é um direito exclusivo. Neste caso, o conteúdo do direito exclusivo inclui normalmente os poderes concedidos ao seu titular para utilizar sozinho um determinado objeto de propriedade intelectual, para autorizar e proibir a utilização do objeto por terceiros (que não estejam numa relação jurídica com o titular do direito).

Se se tratar de uma indicação de origem de mercadorias ou de uma indicação geográfica na aceção do Acordo TRIPS, a essência da sua proteção jurídica consiste em impedir a utilização de indicações falsas (falsificações), bem como em induzir o consumidor em erro quanto ao verdadeiro local de origem das mercadorias, o que não se refere ao conteúdo do direito exclusivo.

No que diz respeito à denominação de origem das mercadorias, a pessoa que tem o direito de a utilizar, regra geral, tem autoridade apenas para a utilizar, e não sozinha, uma vez que o direito de utilizar a denominação de origem das mercadorias pode ser concedido a várias pessoas; e também para proibir a sua utilização, mas não a qualquer outra pessoa, mas apenas às pessoas que não estão autorizadas a fazê-lo. Ao mesmo tempo, não é permitida a cessão do direito de utilização da denominação de origem das mercadorias nem a concessão do direito de utilização com base numa licença, o que indica que também não existe um direito de disposição.

A este respeito, existem diferentes pontos de vista sobre o conteúdo do direito de utilizar a denominação de origem das mercadorias.

Assim, é bastante comum que o direito de utilizar a denominação de origem das mercadorias não seja exclusivo [66, p. 295]. Ao mesmo tempo, de acordo com S.P. Grishaev, o direito exclusivo de utilizar a denominação de origem das mercadorias é no sentido de que uma pessoa que não esteja registada como titular do direito de utilizar a denominação de origem das mercadorias e não possua o respetivo certificado, não tem o direito de utilizar essa denominação registada, mesmo que seja indicado o verdadeiro local de origem das mercadorias. Assim, se um perfume, cujo local de origem será indicado a cidade de Paris, tal denominação pode induzir em erro, se não se tratar da capital francesa, à qual o consumidor está associado por associações relacionadas com a elevada qualidade do perfume, e de uma pequena cidade dos Estados Unidos (como é sabido, muitas povoações dos Estados Unidos têm nomes de cidades europeias famosas). [67, c. 234].

Note-se que, neste caso, o autor utiliza o termo denominação de origem das mercadorias, mas, com base no conteúdo da proteção, deveria ser uma indicação da origem das mercadorias.

Um ponto de vista semelhante é defendido por E.P. Gavrilov [68, p. 154].

De acordo com N.M. Frolova, este direito é um direito exclusivo "truncado", "enfraquecido" [69, p. 79]. Noutra publicação, a mesma autora sugere a designação "direitos exclusivos limitados" [70, p. 309] [70, c. 309].

Existem outros pontos de vista sobre este direito. Assim, N.V. Chang considera-o um direito de tipo especial ou sui generis, que não tem análogos na esfera dos direitos exclusivos [15, p. 20]. Outros especialistas russos consideram o direito coletivo de utilizar a denominação de origem das mercadorias [50, p. 5; 26]. Ao mesmo tempo, este direito é frequentemente detido por um único sujeito. Zykov SV. refere este direito como "atípico", porque os princípios de absolutismo, negociabilidade, bem como o prazo de validade dos direitos, caraterísticos do direito exclusivo, são postos em causa [71, p. 67].

O que precede é igualmente válido para uma indicação geográfica na aceção do Regulamento n.º 1151/2012 e do Ato de Genebra. Assim, do ponto de vista do jurista alemão F. Schwarz, expresso na sua obra "Protection of Geographical Indications", uma indicação geográfica carece da função de exclusividade individual caraterística dos objectos incorpóreos, uma vez que é geralmente propriedade de vários produtores. As indicações geográficas são designações colectivas e não conferem exclusividade única, uma vez que não são concedidas a outros produtores da mesma região. Com base na análise de diferentes pontos de vista, o autor considera que, neste caso, se pode falar de um direito de propriedade imaterial com uma função limitada de exclusividade [72, p. 3-4].

Apesar desta diversidade de opiniões, há dois pontos incontestáveis que podem ser sublinhados no que respeita ao direito de utilizar a denominação de origem das mercadorias:

1.	o referido direito não pode ser reconhecido como um direito exclusivo na sua aceção clássica devido à existência das duas excepções acima referidas;

2.	o referido direito não pode ser completamente separado da categoria de "direito exclusivo", uma vez que contém as caraterísticas de um direito exclusivo.

Com base no que precede, devemos concordar com a interpretação deste direito como um direito exclusivo "truncado" ou "limitado", que reflectirá melhor a sua essência.

Ao mesmo tempo, é possível presumir a existência desse direito, que é designado em algumas publicações como "direito à denominação de origem das mercadorias". A existência deste direito pode ser "descoberta" numa situação em que todos os certificados emitidos para o direito de utilizar a denominação de origem das mercadorias deixam de ser válidos. Ao mesmo tempo, a legislação de muitos Estados, em especial o artigo 1536.º do Código Civil da Federação Russa, não contém disposições sobre a cessação da proteção jurídica da denominação de origem das mercadorias. Sobre esta questão, L.L. Kiriy observa que muitas denominações de origem registadas na Rússia não têm utilizadores, ou seja, após 10 anos de registo, os titulares de certificados não prolongam o prazo de validade do direito exclusivo à denominação. A título de exemplo, podem citar-se nomes como "Zhostovo", "Fedoskino", "Krasnoselskaya skan", "Ryazan Uzory", etc. [16, c. 19]. Consequentemente, nesta situação, não existe o direito de utilizar a denominação de origem das mercadorias, mas o nome em si continua a ser protegido como um objeto de propriedade intelectual, o que implica a existência de algum direito sobre ele.

Existem vários pontos de vista sobre esta questão. Assim, V.V. Kolesnikova V.V. distingue entre o direito ao uso da denominação de origem das mercadorias, que define como exclusivo e de carácter limitado, e o direito à denominação de origem das mercadorias, que considera absoluto e pertencente ao Estado [73, p. 21]. A mesma opinião é defendida por A. P. Rabets [19, p. 113].

N.V. Chang, embora não invoque diretamente este direito, exprime o ponto de vista de que os utilizadores da denominação de origem das mercadorias só têm autorização do organismo estatal competente para utilizar a denominação geográfica se as suas mercadorias se caracterizarem por qualidades especiais e forem produzidas no local que deu o seu nome à denominação geográfica colocada nas suas mercadorias [15, p. 19].

Na prática, esta abordagem é aplicada na legislação do México, que consagra uma disposição segundo a qual o proprietário de todas as denominações de origem mexicanas é o governo deste país. A autorização para a sua utilização pelas partes interessadas, em nome do Governo, é concedida pela Secretaria do Comércio e do Desenvolvimento Industrial [74].

Esta abordagem pode ser alargada às indicações geográficas, que constituem um conceito mais geral. Assim, M.I. Arkhipova [14, p. 17] e O.O. Kovalchuk [75, p. 15] apresentaram nas suas teses propostas no sentido de reconhecer o Estado como proprietário de indicações geográficas nacionais. G.M. Dmitrichenko salienta que a base para o registo de indicações geográficas (de acordo com a legislação ucraniana) é o interesse público e que o direito a uma indicação geográfica registada não é um direito privado [76, p. 11]. Ao mesmo tempo, o autor propõe fixar as disposições relativas à pertença das indicações geográficas ao povo ucraniano [76, p. 14].

Outra abordagem a esta questão é a opinião de que o direito à denominação de origem é um direito coletivo e pertence a todos os produtores de mercadorias que têm o direito de a utilizar [77, p. 158]. No entanto, neste caso, a situação mais comum em que o direito de utilizar a denominação de origem de uma mercadoria pertence a uma única pessoa, o produtor de mercadorias com determinadas propriedades, permanece por descobrir.

Por último, existe um terceiro ponto de vista, segundo o qual o direito à denominação de origem não tem qualquer titular individualmente determinado - um sujeito dotado de um direito de monopólio sobre este objeto de propriedade industrial [78]. No entanto, a existência de um objeto e de um direito subjetivo a ele deve também prever a presença de um sujeito determinado, pois, caso contrário, não faz sentido falar de um direito determinado.

Consideramos que, com base na própria essência da denominação de origem das mercadorias como designação de um determinado objeto geográfico, que é propriedade de um ou outro Estado (vários Estados, se se tratar de uma denominação internacional), podemos concluir que é mais adequado reconhecer o direito à denominação de origem das mercadorias como um direito absoluto de um Estado (vários Estados). O mesmo se aplica às indicações geográficas. Ao mesmo tempo, o procedimento de concessão do direito de utilização da denominação pode ser considerado como a concessão, em nome do Estado, da autorização de utilização da mesma.

Esta questão não é apenas teórica, mas reveste-se também de uma importância prática considerável. Assim, em conformidade com o artigo 5.º do Acordo de Lisboa, o registo da denominação de origem é efectuado em nome de todas as pessoas singulares, bem como das pessoas colectivas no sentido lato do termo ("pessoas colectivas"), públicas ou privadas, que, de acordo com a respectiva legislação nacional, tenham o direito de utilizar essas denominações.

A este respeito, em muitas legislações, o requerente só pode ser o produtor de produtos com propriedades especiais, a quem, no caso do registo da denominação de origem, é concedido o direito exclusivo limitado de utilizar a denominação acima referida.

Na União Europeia, existe uma relação estreita entre os produtores de bens que devem constituir uma associação (sob a forma de associação ou consórcio) para registar e proteger as indicações geográficas ou denominações de origem, tanto na UE como no estrangeiro. Assim, o círculo de pessoas que podem registar denominações de origem é significativamente limitado a nível da UE.

Ao mesmo tempo, é possível distinguir dois grupos de sujeitos do direito de utilizar a denominação de origem das mercadorias:

1.   entidades que registaram a denominação de origem dos produtos e obtiveram o direito de a utilizar (os chamados utilizadores "primários");

2.   pessoas que obtiveram o direito de utilizar uma denominação de origem de mercadorias já registada (os chamados utilizadores "secundários").

Esta classificação está também muito difundida na literatura científica sobre as questões da proteção jurídica dos meios de individualização e, em particular, da denominação de origem das mercadorias. Assim, O. A. Gorodov designa o primeiro grupo de sujeitos da "primeira viragem" e o segundo grupo - sujeitos das "viragens subsequentes" [79, p.47].

É importante que não haja diferenças entre os utilizadores "primários" e "secundários" no que diz respeito ao conteúdo do direito de utilizar a denominação de origem das mercadorias. Ao mesmo tempo, a existência de uma denominação registada simplifica a possibilidade de obter o direito de a utilizar.

Ao mesmo tempo, em alguns países estrangeiros, o leque de entidades autorizadas a requerer o registo da denominação de origem das mercadorias é muito mais vasto do que na legislação bielorrussa ou russa.

Assim, em conformidade com a Lei da Ucrânia de 16 de junho de 1999 "relativa à proteção dos direitos à indicação da origem das mercadorias", o direito de registar uma indicação qualificada da origem das mercadorias tem:

- uma pessoa ou grupo de pessoas que, na localização geográfica reivindicada, produz um bem cujas caraterísticas especiais, qualidades particulares, reputação ou outros atributos estão associados a essa localização geográfica.

- associações de consumidores;

- Instituições que estão diretamente relacionadas com a produção ou o estudo dos produtos, artigos, processos ou localizações geográficas em causa.

No entanto, o direito de utilizar essa indicação está disponível, sujeito ao registo desse direito, para os produtores que, na localização geográfica indicada no registo, produzam um produto com as caraterísticas acima referidas [80].

Em conformidade com a lei da Geórgia "relativa às denominações de origem e às indicações geográficas dos produtos", que entrou em vigor em 1 de novembro de 1999, o requerente da denominação de origem dos produtos pode ser uma pessoa singular ou colectiva, uma autoridade pública ou uma pessoa colectiva de direito público, bem como uma associação voluntária de empresários sob qualquer forma organizacional e jurídica. Simultaneamente, estes sujeitos podem registar estes objectos e adquirir o direito de os utilizar, e realizar apenas uma destas duas acções [81].

Assim, a análise das disposições legislativas acima referidas permite-nos concluir que o pedido de registo da denominação de origem de uma mercadoria pode ser apresentado não só pelos seus produtores, mas também por outros sujeitos, em particular, por organizações e instituições estatais, que estejam de alguma forma ligadas à produção ou ao estudo da mercadoria em causa, e que exerçam os poderes do Estado enquanto titular do direito à denominação de origem da mercadoria.

Consideramos que tais normas sobre a composição temática estão mais de acordo com a essência da denominação de origem das mercadorias como propriedade de um determinado Estado.

Pelo seu regime jurídico, a denominação de origem dos produtos também é semelhante à marca colectiva. A peculiaridade deste regime jurídico é que, mesmo no caso de registo de uma marca colectiva, os utilizadores têm um direito exclusivo mais restrito ("truncado") de utilizar a denominação [82, p. 16]. Em primeiro lugar, o utilizador não tem o direito de ceder essa designação ou de transferir o direito de a utilizar ao abrigo de um contrato de licença e, em segundo lugar, o utilizador não tem o direito de proibir a utilização desses objectos por quaisquer outras pessoas autorizadas a fazê-lo.

Ao mesmo tempo, as diferenças entre estes objectos residem, antes de mais, no facto de o registo de uma marca colectiva não exigir a confirmação pelo Estado das propriedades especiais dos produtos, o que acontece com o registo da denominação de origem dos produtos. Além disso, regra geral, o controlo da utilização da denominação de origem é exercido pelas autoridades estatais competentes, ao passo que, no caso do registo de uma marca colectiva, o controlo é exercido pela própria associação, ou seja, pelo titular da marca colectiva.

O sujeito do direito a uma marca colectiva é uma associação de pessoas colectivas, que, na prática, é mais frequentemente uma associação ou um sindicato. Os sujeitos do direito a uma marca são, na maioria das vezes, pessoas colectivas e cidadãos.

Ao mesmo tempo, de acordo com M.N. Sokol, o seu "direito de dispor de uma marca "geográfica" pelo seu titular tem limitações: o titular de uma marca "geográfica" pode alienar essa marca ou conceder uma licença para a sua utilização a outra entidade económica que esteja localizada no objeto geográfico em causa ou na sua proximidade imediata (de acordo com as razões objectivas que existiam quando da concessão do direito exclusivo a essa designação)". A este respeito, o autor conclui que a posição do titular de uma marca deste tipo é menos forte do que a dos titulares de outras marcas [11, p. 22].

Consideramos que esta afirmação é apenas parcialmente verdadeira. Tal como referido no capítulo anterior, uma marca que represente ou contenha a designação de um local geográfico de origem pode beneficiar de proteção jurídica em três casos. No entanto, apenas um desses casos envolve a associação dos consumidores a um local geográfico - se não houver produção de produtos homogéneos na área nem potencial para a produção futura de tais produtos. Os outros dois casos referem-se a uma denominação pouco conhecida ou a uma denominação que adquiriu o chamado "significado secundário". "significado secundário".

Resolução de conflitos entre denominações de origem e marcas

De grande interesse científico e prático é a questão da colisão de uma marca com a denominação de origem dos produtos. Recentemente, na prática mundial, foi utilizado o princípio da prioridade da denominação de origem sobre a marca, consagrado no Acordo de Lisboa. Assim, em particular, no processo judicial entre a empresa "Pilsen" (requerente) e a empresa italiana "Industrie Poretti SpA" (requerida), o Supremo Tribunal de Itália estabeleceu que "se o requerido utiliza uma designação que é semelhante à denominação de origem registada em nome do requerente, e que é o único elemento da marca do requerente, então, ao avaliar estas acções, deve guiar-se pelas normas da lei sobre denominações de origem, e não pela lei sobre marcas [20, p. 246].

O exemplo mais famoso de um conflito entre uma marca registada e uma denominação de origem é o litígio entre o proprietário da marca "Budweiser", o produtor de cerveja americano Anheuser-Bush, e a cervejeira checa Budejovicky Budvar, que tinha o direito de utilizar a denominação de origem "Cesky Budejovicky Budvar". As traduções alemã e inglesa destas denominações contêm a palavra "Budweiser". Ambas as denominações são utilizadas, respetivamente, em relação ao mesmo produto - a cerveja. A batalha foi travada em tribunais de mais de 100 países, com o sucesso a alternar entre uma parte e outra. A Anheuser-Bush terá sido a empresa que levou os EUA a iniciar um processo na OMC para avaliar a legalidade do sistema europeu de proteção especial das denominações de origem, argumentando que as marcas comerciais têm precedência sobre as denominações de origem. A OMC decidiu que os países membros podem introduzir excepções limitadas aos direitos concedidos às marcas e decidiu contra os EUA, indicando que ambos os sistemas de proteção destes objectos podem coexistir. [83, c. 24].

Note-se, no entanto, que o Acordo TRIPS, no n.º 1 do artigo 16.º, contém uma disposição sobre o direito exclusivo do titular da marca de não autorizar terceiros, sem o seu consentimento, a utilizar sinais idênticos ou semelhantes para produtos homogéneos, sempre que tal utilização possa dar origem a um risco de confusão. Note-se que estes direitos não prejudicam quaisquer direitos existentes anteriormente.

Simultaneamente, como já foi referido, o artigo 24.º do TRIPS prevê uma proteção reforçada de certas indicações geográficas (para vinhos e bebidas espirituosas). O n.º 5 do artigo 24.º do Acordo TRIPS estabelece que, se o pedido ou o registo de uma marca tiver sido efectuado de boa fé, as medidas destinadas a proteger essas indicações não prejudicarão a registrabilidade ou a validade da marca.

Em 15 de março de 2005, foi proferida uma decisão do Conselho de Resolução de Litígios da OMC (WT/DS174/R), que se baseou nas regras do artigo 16. Esta decisão conduziu a uma revisão radical do sistema de proteção da denominação de origem na Comunidade Europeia e foi consubstanciada, primeiro, no Regulamento n.º 510/2006 e, depois, no Regulamento n.º 1151/2012 [84].

Nos termos do artigo 6.º, n.º 4, do Regulamento n.º 1151/2012, uma denominação de origem protegida e uma indicação geográfica protegida não podem ser registadas se, devido à reputação e à notoriedade da marca e à duração da sua utilização, o registo for suscetível de induzir o consumidor em erro quanto à verdadeira origem dos produtos.

Assim, a prioridade entre as marcas e as denominações de origem é determinada pela data do seu registo ("first in time, first in right"). Além disso, é necessário que a marca tenha uma certa reputação e fama.

Deve notar-se que o segundo parágrafo do n.º 2 do artigo 1535.º do Código Civil da Federação Russa, juntamente com motivos gerais semelhantes, contém um motivo especial para invalidar o registo da denominação de origem dos produtos. Assim, se a utilização da denominação de origem das mercadorias for suscetível de induzir o consumidor em erro quanto às mercadorias ou ao seu fabricante devido à presença de uma marca registada com uma prioridade anterior, a concessão de proteção jurídica à referida denominação pode ser contestada e declarada inválida no prazo de cinco anos a contar da data de publicação da informação sobre o registo estatal da denominação de origem das mercadorias no jornal oficial.

O n.º 2 do artigo 39.º da Lei da República do Cazaquistão, de 26 de julho de 1999, "Sobre marcas registadas, marcas de serviço e denominações de origem de produtos", contém uma redação semelhante. Ao mesmo tempo, a marca oposta deve ter uma grande notoriedade na República do Cazaquistão, adquirida em resultado de uma utilização ativa [85].

Ao mesmo tempo, a atual redação do Código Civil russo foi criticada por vários investigadores. Em particular, é referido que utiliza um conceito mais restrito de "deturpação" em comparação com o termo "risco de confusão" estabelecido pelo Acordo TRIPS, e também se refere a uma denominação de origem de mercadorias já registada, excluindo o pedido de registo da denominação de origem de mercadorias [86].

O que precede permite-nos tirar as seguintes conclusões. Os direitos de utilização da indicação de proveniência das mercadorias, da indicação geográfica e da denominação de origem das mercadorias têm uma especificidade própria em relação a outros objectos da propriedade industrial. No que diz respeito ao direito de utilização da denominação de origem das mercadorias, a análise dos diferentes pontos de vista sobre esta questão permite-nos concluir que este direito não pode ser considerado totalmente exclusivo na sua aceção clássica, mas, ao mesmo tempo, contém certas caraterísticas de um direito exclusivo.

Para além do direito de utilizar a denominação de origem das mercadorias, é também possível distinguir o direito à denominação de origem das mercadorias, bem como o direito à indicação geográfica, que é razoável reconhecer como um direito absoluto do Estado.

O regime jurídico da marca colectiva é semelhante, na sua natureza, ao direito de utilizar a denominação de origem dos produtos. No entanto, a diferença reside no facto de o registo de uma marca colectiva não exigir a confirmação pelo Estado das propriedades especiais dos produtos e o controlo da sua existência.

Nalguns casos, o direito de dispor de uma marca que represente ou contenha uma indicação geográfica como elemento protegido pode ser restringido devido à possibilidade de induzir os consumidores em erro quanto ao local de origem (produção) dos produtos.

No caso de um conflito entre uma marca e uma denominação de origem, a prioridade é atualmente determinada pela data de registo dos respectivos objectos, mas apenas se existir uma certa reputação e fama da marca.

CONCLUSÃO

As indicações geográficas podem ser corretamente designadas historicamente como o primeiro meio de individualização das mercadorias, que começou a ser utilizado antes da nossa era e servia como indicador de que as mercadorias possuíam determinadas propriedades causadas pela origem geográfica. No entanto, na primeira fase, a sua proteção jurídica era fragmentária e não contribuía para a prevenção da concorrência desleal neste domínio.

Em ligação com a evolução dos meios de individualização, de gerais para mais específicos, surgem os primeiros actos legislativos sobre a proteção das marcas, enquanto as indicações geográficas não são consideradas como um objeto independente da propriedade industrial. A Convenção de Paris de 1883 menciona o conceito de "indicação de origem" em ligação com a proibição da utilização de falsas indicações de origem. Pouco tempo depois, as denominações de origem foram pela primeira vez objeto de um tratado internacional, o Acordo de Madrid de 1891. Em 1911, a indicação de origem foi incluída na lista dos objectos de propriedade industrial protegidos pela Convenção de Paris. Inicia-se assim a segunda fase da proteção das indicações geográficas.

A partir da década de 20 do século XX, em França e noutros países, sobretudo do Sul da Europa, bem como em alguns outros Estados, foi legislado um novo objeto de propriedade industrial - a denominação de origem de mercadorias, que é uma designação de mercadorias cujas propriedades especiais são condicionadas exclusiva ou principalmente pelo meio geográfico. Em 1925, a denominação de origem foi incluída na lista de objetos de propriedade industrial da Convenção de Paris, o que constituiu o início da terceira fase da proteção das denominações geográficas. O desenvolvimento da sua proteção jurídica conduz, em 1957, à conclusão do Acordo de Lisboa, que criou um sistema internacional de registo das denominações de origem, que, no entanto, não foi amplamente difundido no mundo.

Com o aprofundamento dos processos de integração europeia, surge a necessidade de abordagens comuns a esta questão e a criação de um sistema regional de proteção jurídica das indicações geográficas, que se reflectiu no Regulamento 2081/92. Este documento, a par da denominação de origem protegida, introduziu a proteção jurídica de um outro objeto, a indicação geográfica protegida, com critérios de proteção menos rigorosos.

Nos Estados Unidos e noutros países de direito "comum", os termos acima referidos não são legalmente reconhecidos e a proteção das indicações geográficas é concedida principalmente no contexto das marcas de certificação, bem como das marcas colectivas.

Atualmente, podem distinguir-se no mundo três sistemas principais de concessão de proteção jurídica às indicações geográficas: "alemão" (a proteção é exercida principalmente através de indicações de origem), "francês" (juntamente com as indicações de origem, são protegidas as denominações de origem), "americano" (a proteção é exercida com base na legislação relativa à luta contra a concorrência desleal e na legislação relativa às marcas de fabrico e de certificação).

A diversidade das formas de proteção jurídica das indicações geográficas levou a OMPI a esforçar-se, desde meados da década de 1970, por elaborar um tratado internacional que definisse critérios uniformes para a sua proteção. No entanto, até à data, não foi celebrado qualquer tratado deste tipo. No entanto, no âmbito da OMC, o Acordo TRIPS tenta definir normas mínimas para a proteção das indicações geográficas no âmbito do termo "indicação geográfica", que é substancialmente diferente do termo semelhante do Regulamento 1151/2012. Ao mesmo tempo, a consagração de tal termo num acordo internacional indica o início da quarta fase da proteção das indicações geográficas.

Em 20 de maio de 2015, na Conferência Diplomática da OMPI, 11 Estados assinaram o Ato de Genebra, que é um Acordo de Lisboa alterado que concede proteção de registo às indicações geográficas, para além das denominações de origem.

Assim, as indicações de origem são atualmente as mais protegidas em todo o mundo, sendo o âmbito da sua proteção jurídica a proibição da utilização de indicações falsas e enganosas. A análise de vários pontos de vista permite-nos concluir que as indicações de origem incluem as indicações geográficas de produtos cujas propriedades são, em certa medida, determinadas pela sua origem geográfica (critério objetivo). É indiferente que o consumidor associe esta denominação a uma denominação geográfica (critério subjetivo). Ao mesmo tempo, o critério subjetivo é necessário para a proteção jurídica das denominações de origem contra as denominações enganosas, nos termos do Acordo de Madrid.

O âmbito de proteção das indicações de origem é o mesmo que o das indicações geográficas na aceção do Acordo TRIPS, com exceção dos vinhos e das bebidas espirituosas, para os quais é estabelecido um regime jurídico semelhante ao das denominações de origem. Ao mesmo tempo, o critério objetivo das indicações geográficas deve ser expresso de forma substancial (ou seja, as propriedades dos produtos devem ter uma relação significativa com a origem geográfica). No entanto, o Acordo TRIPS não prevê o registo obrigatório das indicações geográficas, o que as distingue do termo semelhante do Ato de Genebra.

No que diz respeito à denominação de origem das mercadorias, é de notar que a sua definição inicial, consagrada na versão atual do Acordo de Lisboa, pressupõe a ligação das mercadorias ao conceito de "meio geográfico", o que cria um quadro muito rigoroso para a sua proteção. Simultaneamente, a teoria, bem como a legislação de alguns Estados e actos internacionais (o Tratado sobre a EAEU), prevêem uma definição mais ampla da denominação de origem das mercadorias, que combina os conceitos de "denominação de origem" e "indicação geográfica" do Ato de Genebra e oferece uma oportunidade de registo como denominação de origem das mercadorias numa lista mais vasta de denominações. Ao mesmo tempo, a referida definição prevê a notoriedade da denominação como um critério obrigatório. Uma vez que a prática russa e a prática de outros Estados com essa definição não estabelecem requisitos uniformes para a confirmação dessa notoriedade e que o conceito de "indicação geográfica" não prevê esse critério, propõe-se a supressão desse requisito.

A proteção jurídica de uma denominação geográfica pode ser exercida através do registo de uma marca colectiva ou de certificação. O registo de uma marca individual é possível quando a denominação geográfica reivindicada é de natureza fantasiosa e não é entendida como uma designação do local de origem dos produtos, ou adquiriu o chamado "significado secundário" no processo de utilização. Para determinar a aquisição de tal significado, é necessário estabelecer a presença de critérios objectivos e subjectivos, cujas várias combinações determinam a possibilidade de conceder à designação proteção jurídica como marca. Em qualquer caso, se existir um critério objetivo, o registo de tal designação é excluído.

No que diz respeito ao conteúdo dos direitos de denominação de origem e de indicação geográfica na aceção do Acordo TRIPS, convém sublinhar que não se trata de direitos exclusivos, uma vez que a essência da sua proteção jurídica consiste em evitar a utilização de indicações falsas ou enganosas.

Quanto ao direito de utilizar a denominação de origem das mercadorias, existem diferentes pontos de vista. Ao mesmo tempo, é comum que o referido direito não possa ser considerado totalmente exclusivo na sua aceção clássica, mas, ao mesmo tempo, contém certas caraterísticas de um direito exclusivo. O mesmo se aplica a uma indicação geográfica na aceção do Ato de Genebra.

Juntamente com o direito de utilizar a denominação de origem das mercadorias, também se pode distinguir o direito à denominação de origem das mercadorias. A análise deste direito mostra que, devido ao significado especial deste objeto, é aconselhável reconhecê-lo como um direito absoluto do Estado.

O regime jurídico de uma marca colectiva é semelhante ao direito de utilizar a denominação de origem dos produtos. Ao mesmo tempo, o registo de uma marca colectiva não exige que o Estado confirme as propriedades especiais dos produtos. Ao utilizar uma marca colectiva, o Estado não exerce controlo sobre a sua existência.

Uma indicação geográfica registada como marca pode, em alguns casos, conduzir a uma restrição da possibilidade de dispor dessa marca devido à possibilidade de induzir os consumidores em erro.

O problema da colisão entre uma marca e uma denominação de origem é atual. Simultaneamente, de acordo com os documentos internacionais atualmente em vigor (em particular, o Acordo TRIPS), a prioridade é determinada pela data de registo dos respectivos objectos. Ao mesmo tempo, uma marca deve ter uma certa reputação e fama.

Acreditamos que, num futuro próximo, as questões da proteção jurídica das indicações geográficas continuarão a ser uma área de investigação atual.

LISTA DAS FONTES UTILIZADAS

1. Indicações geográficas. A Review of Proposals at the TRIPS Council: Extending Article 23 to Products other than Wines and Spirites / By Dr Dwijen Rangnekar *I I* Intellectual Property Rigths aim Sustainable Development, June 2003.-52 p.

2. Kickler, H. Die Geschichte des Schutzes geographischer Herkunftsangaben in Deutschland *I* H. Kickler *I I* Mohr Siebeck Tubingen, 2012. - 503 c.

3. Lackert, C. Indicações geográficas: passado, presente e futuro / Clark Lackert *e* Ninis, Howes, Collison, Hansen & Lackert. junho de 2000

4. O'Connor, B. A Lei das Indicações Geográficas / Bernard O'Connor - Cameron

May, 2004. - 500 с.

5. Spuhler, O. Das System des internationalen und supranationalen Schutzes von Marken und geographischen Herkunftsangaben / von Oliver Spuhler. - Berlim: Duncker und Humboldt, 2000. - 381 с.

6. Tytskaya, G.I. Legal protection of trademarks, trade names, indications and appellations of origin of goods in capital and developing countries / G.I. Tytskaya, I.E. Mamiofa, V.Y. Motyleva. - M.: VNIIPI, 1985. - 71 с.

7. Grigoriev, AN. Indicações geográficas : problemas de proteção jurídica a nível nacional e internacional : autoref. dis. ... Candidato de Jurisprudência: 12.00.03 / AN. Grigoriev - M., 1995. - 23 с.

8. Gorlenko, S.A. Proteção jurídica das denominações de origem dos produtos / S.A. Gorlenko. - 4ª ed., revisão e suplemento - M. : INIC Rospatent, 2004.-116 p.

9. Gavrilov, EL. Prática da proteção das denominações de origem dos produtos: o que mudou? / E.P. Gavrilov, E.A. Danilina // Patentes e licenças - 2006. - № 1-2.

10. Kitaysky, V.E. Denominações de origem dos produtos: a discussão continua / V.E. Kitaysky // Patentes e licenças - 2006. - №3. С. 20-24

11. Sokolova, M.N. Problemas jurídicos da proteção dos meios de individualização de mercadorias que contêm denominações geográficas: autoref. dis.... Candidato de Ciências Jurídicas: 12.00.03 / M.N.Sokolova. - M., 2002. - 28 с.

12. Saltykov, M.A. Proteção jurídica da denominação de origem das mercadorias como um dos objectos dos direitos intelectuais: autoref. dis. ... Candidato de Jurisprudência: 12.00.03 / M.A. Saltykov - M., 2012. - 26 с.

13. Takhirov, G. A. Melhoria da proteção jurídica das indicações geográficas na República do Tajiquistão: dissertação do autor. Candidato de Ciências Jurídicas: 12.00.03 / G.A. Takhirov - M., 2004. - 24 с.

14. Arkhipova, M.I.. Proteção cívico-jurídica dos valores geográficos na Ucrânia : tese do autor para o grau de candidato a jurisprudência : especialidade. 12.00.03 "Direito civil e processo civil; direito penal; direito internacional privado / M1.Arkhipova. - Kyiv. - 2006. - 21с.

15. Chang, N.V. Geographical indications as objects of legal protection in Vietnam and in Russia: author's thesis. Candidato de Jurisprudência: 12.00.03 / V.CH. Nguyen.- M., 2003. - 33 с.

16. Kyrii, L.L. Indicações geográficas como meio de desenvolvimento económico das regiões / L.L. Kyrii E Patentes e Licenças - 2013.- № 7.- C. 15-20.

17. Medvedev, N.Y. Proteção das marcas no âmbito da legislação da Federação Russa: autoref. dis. .... Candidato de Ciências Jurídicas: 12.00.03 / N.Yu.Medvedev. -M., 2008. - 23 с.

18. Sadovskiy P.V. Colisões dos direitos sobre as marcas com os direitos sobre os resultados da atividade intelectual e os meios de individualização: : autoref. disc. ... Candidato de Jurisprudência: 12.00.03 / P.V. Sadovsky. - Moscovo: RGIIS, 2007.-22 p.

19. Rabets, AL. Proteção jurídica das marcas registadas na Rússia =Legal protection of trademarks in Russia / AP.Rabets. - SPb. Yurid. centre press, 2003.-338 p.

20. Melnikov, V.M. As marcas registadas no estrangeiro em vésperas do século XXI / VM. Melnikov. - Moscovo: ILC Rospatent, 2002. - 300 c.

21. Zubkova, M.N. Regime jurídico da marca: a correlação dos interesses privados e públicos: autoref. dis. ... Candidato de Jurisprudência: 12.00.03 / MN.Zubkova. - Volgograd, 2004. - 19 c.

22. Jermakyan, V.Y. Acquisition of distinctiveness by trademarks / V.Y. Jermakyan *e* advogado de patentes. - 2009. - №3.-C. 17-21.

23. Epstein, ML. Interpretação do conceito de carácter distintivo das marcas na prática judicial / ML. *Epstein e* Patentes e Licenças. - 2009.-№3.-C. 25-31.

24. Rogal, I.V. Geographical indications in trademarks and appellations of origin of goods / I.V. Rogal *And* Patents and Licences-2005.- No. I.- P.27-34.

25. Bakhrenkova, K. As indicações geográficas ao serviço do comércio mundial / K. Bakhrenkova *E* a propriedade intelectual na Bielorrússia. - 2006.-№4.-C. 24-29.

26. Direito da propriedade intelectual: livro didático / IA. Bliznets [et al]; ed. por I.A. Bliznets. - Moscovo: Prospect, 2010. - 960 c.

27. O'Connor, T. A UE não precisa de se isolar em matéria de indicações geográficas *I* T. O'Connor *11* E.I.P.R. - 2007. - Vol. 29. - № 8. - P. 303-306.

28. Base de dados da OMPI sobre o direito e os tratados em matéria de propriedade intelectual (WIPO Lex) *I I* Organização Mundial da Propriedade Intelectual [Recurso eletrónico]. - 2017. - Modo de acesso: http://www.wipo.int/wipolex/en/. - Data de acesso: 05.10.2017.

29. Acordo de Madrid relativo ao registo internacional de marcas de 14 de abril de 1891, revisto em Estocolmo em 14 de julho de 1967 e alterado em 28 de setembro de 1979. 28 de setembro de 1979 // Organização Mundial da Propriedade Intelectual [Recurso eletrónico]. -2017. - Modo de acesso:
http://www.wipo.int/treaties/ru/registration/madrid. - Data de acesso: 05.10.2017.

30. Convenção de Paris para a Proteção da Propriedade Industrial de 20 de março de 1883, adoptada em Bruxelas em 14 de dezembro de 1900, em Washington em 2 de junho de 1911, na Haia em 6 de novembro de 1925, em Londres em 2 de junho de 1934, em Lisboa em 31 de outubro de 1958 e em Estocolmo em 14 de julho de 1967, e alterada em 2 de outubro de 1979 // Organização Mundial da Propriedade Intelectual [Recurso eletrónico]. - 2017. - Modo de acesso:
http://www.wipo.int/treaties/ru/ip/paris/. - Data de acesso: 05.10.2017.

31. Acordo de Madrid para a Supressão das Indicações de Origem Falsas ou Enganosas nas Mercadorias, de 14 de abril de 1891, reimpresso em Washington em 2 de junho de 1911, em Haia em 6 de novembro de 1925, em Londres em 2 de junho de 1934 e em Lisboa em 31 de outubro de 1958 / Organização Mundial da Propriedade Intelectual [Recurso eletrónico]. - 2017. - Modo de acesso: http://www.wipo.int/treaties/ en/ip/madrid/. - Data de acesso: 05.10.2017.

32. Itália: Lei n.º 125, de 10 de abril de 1954, relativa à proteção das denominações de origem e das denominações típicas dos queijos / Base de dados da OMPI sobre legislação e tratados em matéria de propriedade intelectual (WIPO Lex) *11* Organização Mundial da

Propriedade Intelectual [Recurso eletrónico]. - 2017. - Modo de acesso: http://www.wipo.int/wipolex/ en/details.jsp?id=2551. - Data de acesso: 05.10.2017.

33. Itália: Lei n.º 1618 de 7 de dezembro de 1951 Disposições transitórias para a aplicação da Lei n.º 1068 de 4 de novembro de 1950, que estabelece normas para a área de produção e caraterísticas do vinho típico conhecido como Moscato di Pantelleria e da Lei n.º 1069 de 4 de novembro de 1950, que estabelece normas para a área de produção e caraterísticas dos vinhos típicos conhecidos como Marsala I Base de dados da OMPI sobre legislação e tratados em matéria de propriedade intelectual (WIPO Lex) // Organização Mundial da Propriedade Intelectual [Recurso eletrónico]. - 2017. - Modo de acesso: http://www.wipo.int/wipolex/en/. - Data de acesso: 05.10.2017.

34. Sistema de Lisboa E Organização Mundial da Propriedade Intelectual [Recurso eletrónico]. - 2017. - Modo de acesso: http://www.wipo.int/treaties/ru/registration/lisbon/. - Data de acesso: 05.10.2017.

35. Verordnung (EWG) Nr. 2081/92 des Rates vom 14. Juli 1992 zum Schutz von geographischen Angaben und Ursprungsbezeichnungen fur Agrarerzeugnisse und Lebensmittel II EUR-Lex [Recurso eletrónico]. - 2017. - Modo de acesso: http://eur-lex.europa.eu/LexUriServ/LexUriServ.do?uri=CELEX:31992R2081:DE:HTML. - Data de acesso: 05.10.2017.

36. Verordnung (EG) Nr. 510/2006 des Rates vom 20. Marz 2006 zum Schutz von geografischen Angaben und Ursprungsbezeichnungen fur Agrarerzeugnisse und Lebensmittel // EUR-Lex [Recurso eletrónico]. - 2017. - Modo   Acesso: http://eur-lex.europa.eu/legal-content/DE/ALL/?uri=CELEX%3A32006R0510. - Data de acesso: 05.10.2017.

37. Verordnung (UE) n.º 1151/2012 des Europaischen Parlament und des Rates vom 21. November 2012 uber Qualitatsregelungen fur Agrarerzeugnisse und Lebensmittel II EUR-Lex [Recurso eletrónico]. - 2017. - Modo de acesso: http://eur-lex.europa.eu/legal-content/DE/TXT/?qid=1428350790903&uri= CELEX:32O12R1151 - Data de acesso: 05.10.2017.

38. Obergfell; E.I. "Markenqualitat aus deutschen Landen"- geographische Herkunftsangabe oder gemeinschaftswidriges Giitezeichen I Dr. E.I.Obergfell, Dr. W.Hertel I I The European Legal Forum. - 2003. - №3. S. 121-127.

39. Acordo sobre os Aspectos dos Direitos de Propriedade Intelectual Relacionados com o Comércio (TRIPS/TRIPS), concluído em Marraquexe 15.04.1994 E ConsultantPlus [Recurso eletrónico] / LLC "Yurspectr". - M., 2017.

40. Conferência Diplomática para a Adoção de um novo Ato do Acordo de Lisboa para a Proteção das Denominações de Origem e o seu Registo Internacional // Organização Mundial da Propriedade Intelectual [Recurso eletrónico]. - 2017. - Modo de acesso: http://www.wipo.int/meetings/diplomatic_conferences/2015/en/   . Data de acesso: 05.10.2017.

41. Ato de Genebra do Acordo de Lisboa relativo às denominações de origem e às indicações geográficas (adotado em 20 de maio de 2015)// Organização Mundial da Propriedade Intelectual [Recurso eletrónico].   -2017. -Modo de acesso   :

http://www.wipo.int/wipolex/ru/treaties/text.jsp?file_id=376775. - Data de acesso: 05.10.2017.

42. Bodenhausen, G. Convenção de Paris para a Proteção da Propriedade Industrial / G. Bodenhausen *I* M.: Progress, 1977. - 377 c.

43. Introdução à propriedade intelectual *e* à Organização Mundial da Propriedade Intelectual. 652 c.

44. Maggs, P.B., Sergeev A.P. Intellectual Property. - Moscovo: Yurist, 2000. - 400 c.

45. Grigoriev A.N. Critérios de proteção das indicações geográficas / A.N. Grigoriev *I* Propriedade intelectual. - 1995. - № 5-6. - C. 15-19.

46. Brethauer, S. Der Schutz der geographischen Herkunftsangaben *I* C. Brethauer *11* Rechtsanwalt Gottingen [Recurso eletrónico]. - 2017. - Modo de acesso: http://www.markenrecht.justlaw.de/geographische-herkunftsangaben.htni - Data de acesso: 05.10.2017.

47. Grigoriev A. N. Correlação entre marca registada e indicação geográfica. Patentes e licenças. 1994, n.º 7, pp. 17 - 21.

48. Perguntas frequentes: Indicações geográficas. // OMPI. Organização Mundial da Propriedade Intelectual [Recurso eletrónico]. -2017.-Modo de acesso : http://www.wipo.int/geo_indications/ru/faq_geographicalindications.html Data de acesso: 05.10.2017.

49. Acordo de Lisboa para a proteção das denominações de origem e seu registo internacional, de 31 de outubro de 1958, renegociado em Estocolmo em 14 de julho de 1967 e alterado em 28 de setembro de 1979 // Organização Mundial da Propriedade Intelectual [Recurso eletrónico]. - 2017. - Modo de acesso: http://www.wipo.int/lisbon/en/legal_texts/Hsbon_agreement.html. - Data de acesso: 05.10.2017.

50. Ionova, O.V. Acordos internacionais sobre a proteção de denominações de origem e denominações de origem de mercadorias / Instituto Estatal de Patentes da URSS. - M.: VNIIPI, 1992. - 40 c.

51. Shtoppel, V. Proteção das indicações geográficas de origem e das denominações de origem dos produtos / V. Shtoppel *E* Questões de proteção da propriedade intelectual e de combate às actividades monopolistas. - Minsk : Amalfeya, 2011. - C. 136-155.

52. PORTA. Agricultura e Desenvolvimento Rural *II* [Recurso eletrónico]. - 2017. - Modo de acesso: http://ec.europa.eu/agriculture/quality/door/list.html?&recordStart=0&filter .dossier Number=&filter.comboName=&filterMin.milestone_mask=&filterMin.milestone =&filterMax.milestone_mask=&filterMax.milestone=&filter.country=DE&filter. category=&filter.type=PDO&filter.status= . - Data de acesso: 05.10.2017.

53. PORTA. Agricultura e Desenvolvimento Rural *II* [Recurso eletrónico]. - 2017. - Modo de acesso: http://ec.europa.eu/agriculture/quality/door/list.html;jsessionid=pLOhLqqLXhNmF QyFllb24mY3t9dJQPflg3xbL2YphGT4k6zdWn34!- 370879141?&recordStart =0&filter.

dossierNumber=&filter.comboName=&filterMi n .milestonemask=& filterMin.milestone =&filterMax.milestone_mask=&filter ax.milestone= &filter.country= DE&filter.category =&filter.type=PGI&filter.status= REGISTERED . - Data de acesso: 05.10.2017.

54. Código Civil da Federação Russa (Parte Quatro) de 18.12.2006 N 230-FZ (ed. de 08.12.2011) *E* SPS ConsultantPlus [Recurso eletrónico] / LLC "Yurspectr". - M., 2017.

55. O Tratado da União Económica Eurasiática (juntamente com os Anexos 1-33) (Assinado em Astana 29.05.2014) *I* SPS ConsultantPlus [Recurso eletrónico] / LLC "Yurspectr". - M., 2017.

56. Sergeev, A.P. Direito da Propriedade Intelectual na Federação Russa / AL. Sergeev, 2ª ed., revisão e suplemento - Moscovo: TC Velby, 2003. - 752 c.

57. Dozortsev, V.A. Objectos de direitos exclusivos / V.A. Dozortsev // Direitos intelectuais. Conceito, sistema, tarefas de codificação *I* V.A. Dozortsev; Centro de Investigação de Direito Privado. - M. :Statut, 2003. - 416 c.

58. Conclusão do Conselho da Câmara de Litígios de Patentes de 11.03.2013: um apêndice à decisão do Serviço Federal de Propriedade Intelectual de 08.05.2013 sobre o pedido №2012703911 *E* SPS ConsultantPlus [Recurso eletrônico] / LLC "Yurspectr". - M., 2017.

59. Gorlenko, S.A. Kiriy, L.L. Melhoria da legislação no domínio das denominações de origem dos produtos e das indicações geográficas / S.A. Gorlenko, L.L. Kiriy // Patentes e licenças. - 2013. - № 12. - C. 13-19.

60. Kovalchuk, O.O. O direito de propriedade telektualno! sobre a denominação geográfica em YKpaiiii e os acidentes da União Europeia: aspeto cívico-jurídico: dissertação do autor sobre a obtenção do grau científico de candidato à jurisprudência: especialidade. 12.00.03 "Direito civil e processo civil; direito da família; direito internacional privado / O.O. Kovalchuk. - Kshv. - 2014. - 19 c.

61. Registo n.º 39 // Portal Web oficial do Serviço Estatal dos Direitos de Propriedade Intelectual da Ucrânia [Recurso eletrónico]. - 2017. - Modo de acesso: http://sips.gov.ua/i_upload/file/39.pdf- Data de acesso: 05.10.2017.

62. Verordnung (EG) Nr. 207/2009 des Rates vom 26. Februar 2009 fib die Gemeinschaftsmarke *11* EUR-Lex [Recurso eletrónico]. - 2017. - Modo de acesso: http://eur-lex.europa.eu/legal-content/DE/TXT/?qid=1410977305309&uri=CELEX:02009R0207-20130701 - Data de acesso: 05.10.2017.

63. Geografische Herkunftsbezeichnungen als Marketingtool *11* SKW Schwarz [Recurso eletrónico]. - 2017. - Modo de acesso: https ://www .skwschwarz .de/ aktuelles/artikel/artikel-detail/news/geographical-indications-of-origin-as-a-marketing-tool/_/detail/News/. Data de acesso: 05.10.2017.

64. Gorlenko, C.A., Korchagin, DA. Marca registada: motivos de recusa de registo / S.A. Gorlenko, D.A. Korchagin // Patentes e licenças. - 2004. - № 2. - C. 44-50.

65. Sobre a aprovação de recomendações sobre certas questões de exame das designações reivindicadas: Ordem de Rospatent, 23 de março de 2001 № 39 / // CGC ConsultantPlus [Recurso eletrónico] / LLC "Yurspectr". - M., 2017.

66. Direito Civil. Em 3 vol. T. 3 : livro de texto / E.Nabramova, N.Naverchenko, YuV Baigusheva; ed. por AL Sergeyev. - Moscovo: Prospect, 2010. -880 c.

67. Grishaev, SL. Propriedade intelectual: livro didático / SL.Grishaev. - Moscovo: Yurist. - 2004. - 240 c.

68. Gavrilov E.L., Danilina E.A. Comentário à Lei da Federação Russa "Sobre marcas registadas, marcas de serviço e denominações de origem de produtos" / EL. Gavrilov, E.A. Danilina. - Izd-vo "Ekzamen", M.: 2004.

69. Frolova, N.M. O nome dos locais de origem das mercadorias como objeto de proteção jurídica *E* Coleção de artigos científicos em memória de V.A. Ryasentsev. - M., 1995. C. 75-89.

70. Direito civil : livro de texto : em 3 vol. VOL.3 / V.V. Bezbakh, D.A.Belova [et al] ; ed. por V.L.Mozolin. - 2ª ed., rev. e suplemento - M. : Prospect, 2014.-704 p.

71. Zykov, S.V. Direitos exclusivos atípicos / S.V. Zykov *I* Tsivilist. 2011. - № 3. C. 66 - 68

72. Schwarz, F. Der Schutz geographischer Herkunftsangaben / F.Schwarz. - GRIN Verlag, 2003.

73. Kolesnikova, V.V.. Meios de individualização dos participantes do volume de negócios civil e dos bens (trabalho, serviços) por eles produzidos como objectos de direitos de propriedade intelectual: autoref. dis. ... k-ta jurid. sciences: 12.00.03 / V.V. Kolesnikova - Astana, 2007. - 30 c.

74. Ley de la Propiedad Industrial (modificada hasta el 9 de abril de 2012) *I* Base de dados da OMPI sobre legislação e tratados em matéria de propriedade intelectual (WIPO Lex) // Organização Mundial da Propriedade Intelectual [Recurso eletrónico] - 2017. - Modo de acesso:
http://www.wipo.int/wipolex/en/text.jsp?file_id=264465. - Data de acesso: 05.10.2017.

75. Kovalchuk, O.O. O direito de propriedade geográfica sobre a denominação geográfica na Ucrânia e nos países da União Europeia : aspeto civil-legal : tese do autor para o grau de Candidato de Jurisprudência : especialidade. 12.00.03 "Direito civil e processo civil; direito da família; direito internacional privado / O.O. Kovalchuk. - Kshv. -2014.-19c.

76. Dmytrichenko, G.M. Regime jurídico da denominação geográfica e outras na Ucrânia como objeto de propriedade industrial! Tese do autor para a atribuição do grau científico de candidato a jurisprudência: especialidade. 12.00.03 "Direito civil e processo civil; direito da família; direito internacional privado / G.M. Dmitrichenko. - Kshv.-2014.-18 p.

77. Gorlenko S.A., Eremenko V.I. Comentário à Lei da Federação Russa "Sobre marcas registadas, marcas de serviço e denominações de origem de mercadorias" *e* Comentário à legislação sobre proteção da propriedade intelectual / Sob edição geral de V.I. Eremenko. M., 1997.

78. Dozortsev, V.A. Sujeitos de direitos exclusivos / V.A. Dozortsev *E* os direitos intelectuais: Noção. Sistema. Tarefas de codificação : coletânea de artigos / Centro de Investigação de Direito Privado. - Moscovo: "Statut", 2003. - 416 c.

79. Gorodov, O.A. O direito aos meios de individualização (marcas registadas,

marcas de serviço, denominações de origem dos produtos, nomes comerciais, designações comerciais) / O.A. Gorodov. Gorodov. - Moscovo: Wolters Kluwer Rússia, 2006. - 427 c.

80. Pro ochorona prava na znazhennya znazhennya pokhodzhennya khodokhodnya: Zakona Ukraina, 16 de junho de 1999 *i* Zakodavstvo Ukraina [Recurso eletrónico]. - 2017 - Modo de acesso: http://zakon2.rada.gov.ua/laws/show/752-14/print1218034688041545. - Data de acesso: 05.10.2017.

81. Lei sobre denominações de origem e indicações geográficas de produtos: Lei da Geórgia, data, número [Recurso eletrónico] *E* Sakpatent - 2017. - Modo de acesso: http http://www.sakpatenti.gov.ge/en/page/61/. - Data de acesso: 05.10.2017.

82. Uvarkin, G. Sistema de meios de individualização: fases de formação e modernidade / G. Uvarkin // Propriedade intelectual. Propriedade industrial. - 2008. - № 8. - C. 13-18.

83. Stem, St. As IG são PI? *11* E.I.P.R. - 2007. - Vol. 29. - № 2. - P. 39^12

84. WT/DS174/R Comunidades Europeias - Proteção de marcas e indicações geográficas para produtos agrícolas e géneros alimentícios / Organização Mundial do Comércio [Recurso eletrónico]. - 2017. - Modo de acesso: https://www.wto.org/english/tratop_e/dispu_e/174r_e.pdf - Data de acesso: 05.10.2017.

85. 0 marcas registadas, marcas de serviço e denominações de origem de produtos: Lei da República do Cazaquistão, 26 de julho de 1999, № 456 / Instituto Nacional de Patentes Republik do Cazaquistão [Recurso eletrónico]. - 2017. - Modo de acesso : http://adilet.zan.kz/rus/docs/Z990000456_. - Data de acesso: 05.10.2017.

86. Berkhart, G. Marcas e denominações de origem dos produtos na quarta parte do Código Civil / G. Berkhart // Patentes e licenças - 2007. - №3.

I want morebooks!

Buy your books fast and straightforward online - at one of world's fastest growing online book stores! Environmentally sound due to Print-on-Demand technologies.

Buy your books online at
www.morebooks.shop

Compre os seus livros mais rápido e diretamente na internet, em uma das livrarias on-line com o maior crescimento no mundo! Produção que protege o meio ambiente através das tecnologias de impressão sob demanda.

Compre os seus livros on-line em
www.morebooks.shop

info@omniscriptum.com
www.omniscriptum.com